# Legoman
# y otras conversaciones difíciles para armar
Pedro Rodiz

# Legoman
# y otras conversaciones
# difíciles para armar
Pedro Rodiz

**GNOMO**

*Colección Marat*

*Legoman y otras conversaciones difíciles para armar*
*Primera edición: agosto 2024*

(c) Pedro Rodiz, 2024
(c) Gnomo, 2024
Edición: Eïrïc R. Durändal Stormcrow

Diagramación y maquetación: Eïrïc R. Durändal Stormcrow
Portada: Eïrïc R. Durändal Stormcrow

Ninguna parte de este libro puede ser reproducida, traducida, o apropiada de ninguna forma y por ningún medio, ya sea electrónico, mecánico, fotocopia, grabación o cualquier sistema de almacenamiento o reproducción de información sin el permiso por escrito del autor.

Gnomo, 2024
San Juan, Puerto Rico
gnomoliterario@gmail.com

ISBN: 9798336662443

*Para mi hijo Daniel, que convierte cada momento en una alegría*

**Decir más en menos tiempo**

Llegué a la dramaturgia con urgencia motelera y se convirtió en una relación estable de más de treinta años. Una colega me preguntó alguna vez que porqué escribía muchas obras de dos personajes y le respondí: "porque esas las puedo producir y pagar". Sí, las posibilidades de montaje condicionan y modifican la creatividad. Confieso que me hubiese encantado haber estrenado más obras; tengo varias inéditas, y que también las estrenadas hubiesen tenido mayor difusión, no por vanidad si no para llegar a públicos más diversos.

Escribo desde la alegría o desde la indignación, jamás desde la tristeza. Disfruto mucho esta etapa en la que me obsesiona escribir obras trasgresoras. Es decir, parto de una premisa de apariencia inofensiva, y en un abrir y cerrar de ojos, doy un giro en la trama en el que el público quede atrapado, cuestionándose lo que antes no se atrevían a cuestionar.

Si pudiera definir mi dramaturgia de manera objetiva, diría que es algo oscura, arriesgada, inusual, desconcertante y sorpresiva. Me deleito armando ideas complejas y volátiles como pólvora hasta convertirlas en minas. Todo lo canónico es cuestionado. Ya nada es sagrado, todo es motivo de enjuiciamiento y hasta de burla.

Algo curioso es que no pienso en personajes al momento de construir un texto. Pienso en situaciones, y las situaciones eligen los personajes. Usualmente, visualizo esa trama en Puerto Rico, no por razones nacionalistas sino, más bien, por darle un contexto conocido. Y ahí le aplico el: "qué pasaría sí...". Esto es medular. Sin esa premisa, no habría conflicto; a los personajes no les pasaría nada interesante.

Nunca estoy satisfecho. Soy insaciable en la búsqueda. Siempre hay espacio para mejorar. A falta de lectores que me comenten los textos, voy puliendo las obras en los procesos de ensayo. Esto puede resultar incómodo para algunos, pero fluye de forma orgánica porque el proceso de creación es uno dinámico y cambiante.

Por tanto, aquí presento mi teatro de formato corto, de una manera tan íntima, tan coloquial, como una invitación a tomar una taza de café en mi casa. No por ser obras breves se deben subestimar. Al contrario, toma el mismo esfuerzo desarrollar estas historias que si se escribiera una obra en formato largo. Es más, el reto es aún mayor porque hay que llamar la atención de manera más eficiente, decir más en menos tiempo.

San Juan, Puerto Rico
2024

## Sobrepoblado

*A Belynda Pérez*

Uno.

*Roberto, obeso, de 29 años, se baja de su auto nuevo gris en el estacionamiento. El carro está cuidadosamente brilloso y limpio. A su lado, su flaca esposa Enid, de 26 años, también se baja del auto y mira el letrero: Hospital Veterinario, Abierto 24 horas. Por estar de espaldas, no se distingue el tipo de animal que llevan. Con dificultad, él baja la jaula mientras Enid lo mira con evidente incomodidad como si estuviera obligada a estar ahí.*

Enid: ¡Avanza!
Roberto: ¡Voy!
Enid: ¿No podías cargarlo?
Roberto: ¿Cargarlo? ¿Para qué, para que me salga otra bolita?
Enid: Por lo menos tendríamos algo nuevo con qué entretenernos.
Roberto: Este caminito está largo. La próxima vez nos estacionaremos en el de impedidos, que no lo usa nadie. ¿Cuándo tú has visto a un perro en una silla de ruedas?
Enid: Vamos a entrar.

*Ella le abre la puerta del hospital de animales y él arrastra la jaula, tratando de que no se le ensucie la ropa. Llegan hasta el*

*mostrador. La veterinaria, de unos 47 años, empalagosamente simpática, los atiende.*
Veterinaria: (*Amable.*) Hola, buenos días. Bienvenidos al Hospital Veterinario, abierto 24 horas. Aquí incluimos recorte, arreglo y secado de pelo, limpieza de genitales y oídos, corte de uñas y baño. Además, atendemos cualquier tipo de emergencia, incluyendo esterilización y vacunas. Esta es la casa de los animales. ¿Cómo los ayudo?
Enid: Sí, buenas... (*A Roberto.*) ¡Saluda!
Roberto: (*De mala manera.*) Hola.
Veterinaria: ¡Hola!
Enid: Venimos a esterilizarlo.
Veterinaria: ¿Ah, sí?
*La veterinaria se dobla para mirar bien el interior de la jaula. Al ver el contenido, se incorpora de inmediato.*
Veterinaria: (*Incrédula*) ¿Cómo?
Roberto: (*Aclarando*) A castrarlo.
Enid: ¡Ya está en la edad!
Roberto: Y no queremos esperar ni un día más.
Veterinaria: Pero... pero... pero... pero...
Enid: Sabemos que con la castración vivirá más tiempo.
Roberto: No queremos que le dé cáncer en los testículos.
Enid: ¡Bendito, no! Ni tampoco queremos que entre en celo. Por si se nos

escapa, no queremos que esté preñando por ahí.

Roberto: Que se esté tranquilito y no esté enseñando el pipí a todas las visitas que lleguen a casa.

Enid: ¡Uy! ¡Eso es vergonzoso! Que se quede mansito porque tengo que confesar que es un poco bravo como el padre.

Roberto: No empieces.

Veterinaria: Pero ¿ustedes se han vuelto locos?

Roberto: No, esto lo hacemos como un acto de amor.

Enid: ¡No! Nosotros queremos hacer lo correcto. ¿Verdad, mi amor?

Roberto: Sí, Cuchi. (*A la veterinaria.*) Sabemos que es un problema muy serio el de la sobrepoblación.

Enid: Nosotros queremos hacer algo.

*La veterinaria trata de intervenir en la conversación, pero no paran de hablar.*

Veterinaria: (*Histérica.*) ¿Cómo le van a hacer esto?

Enid: Usted mejor que nadie sabe que más del 50% de ellos terminan en las calles.

Roberto: La reproducción es para perpetuar la especie. Y oiga, usted sabe mejor que nadie que ya hay demasiados.

Enid: ¿Qué ganamos fomentando la reproducción de la especie?
Ambos: ¡Nada!
Veterinaria: ¡Pero es que ustedes no pueden tomar una decisión así por él!
Roberto: ¿Cómo que no?
Enid: ¡Claro que sí!
Roberto: Nosotros somos sus dueños.
Enid: Hacemos con él lo que nos dé la gana.
Veterinaria: ¿Esto es una broma?
Enid: ¿Por qué? ¿Ustedes no hacen esto aquí?
Roberto: Digo, si es por el dinero, podemos pagarlo cash, no usamos el Groupon® (*Enid, que había sacado una copia, lo vuelve a guardar en la cartera.*) para que no lo tengas que reportar a Hacienda.
Veterinaria: ¡No es por eso!
Enid: ¿Por el Groupon®? (*Lo vuelve a sacar.*)
Veterinaria: ¡No! ¡Eso es una crueldad!
Roberto: Usted me perdona, pero crueldad es seguir trayendo a esos pobres al mundo y que nadie se encargue de ellos.
Enid: ¿Cuántas criaturas no mueren de hambre y abandono todos los días en el mundo?
Roberto: Nosotros somos gente seria.
Enid: Y con conciencia ambiental.
Roberto: No queremos que sufra.

Veterinaria: ¿Y encima lo traen en una jaula?
Enid: ¿Y cómo quería que lo trajéramos?
Roberto: ¿Cargándolo?
Enid: Le tratamos de poner el arnés, pero se lo quitaba.
Roberto: Y el collar le marca el cuello.
Veterinaria: ¡Váyanse antes de que llame a la policía!
Roberto: ¡Nos salvamos ahora con esta puritana!
Enid: (*Incrédula.*) ¿Pero y qué clase de veterinaria es usted? ¿No está de acuerdo con la esterilización de estas criaturas?
Veterinaria: (*Fuera de sí.*) ¡Sí! Estoy de acuerdo con la esterilización de los animales, ¡pero no los niños!
*Todos miran la jaula. De esta sale un niño de 5 años, visiblemente afectado, triste y sucio; en espera de cariño.*
Niño: ¡Hola!
Enid: ¡Mira, ya aprendió a salirse de la jaula!
Veterinaria: Voy a llamar al Departamento de la Familia ahora mismo. (*Sale.*)
Roberto: (*Al niño.*) Vuélvete a meter en la jaula esa. (*A Enid*) Vamos a tener que ponerle un candado.
Enid: (*Al niño.*) ¡Avanza, métete!

*Entre los dos, meten al niño en la jaula y salen corriendo del hospital cargando la jaula entre los dos.*

Dos.

*Roberto y Enid están sentados dentro de su carro en la entrada de su casa. El niño está en el asiento trasero fuera de la jaula.*
Enid: ¿Y qué le pasa a la tipa esa?
Roberto: No sé.
Enid: ¡Está como loca!
Roberto: La gente está mal de la cabeza. La salud mental del país está por el piso. Uno que está tratando de hacer lo correcto...
Enid: ¿Y qué vamos a hacer ahora?
Roberto: ¿Cómo que qué vamos a hacer?
Enid: Yo no lo quiero así en casa. Ya me tiene harta.
Roberto: Cuando era chiquito era de lo más lindo, pero ahora...
Enid: Se pasa gritando todo el día... (*El niño grita.*) ¡Cállate! Ya no lo aguanto. Y que no le hace caso a nada ni a nadie.
Roberto: Yo no sé por qué te quejas, si soy yo el que lo saca al patio a hacer sus necesidades y recojo su mierda en una bolsita plástica.

Enid: Sí, pero yo soy la que lo alimenta. Al principio ayudabas, pero después sacaste el culito, digo, cuando eso era un culito.
Roberto: Para eso me mato trabajando. Te tengo como a una reina. Así que no te quejes. Lo menos que puedes hacer es encargarte de él.
*El niño comienza a moverse dentro del carro, intranquilo, como tratando de salirse.*
Enid: No vengas con esos chantajes emocionales, que tú sabes muy bien que yo te tengo esa casa tan limpia que puedes comer dentro del inodoro. Así que no me jodas.
Roberto: Todo esto es por tu culpa, estuviste insistiendo en que querías uno. ¡Préñame! ¡Préñame! ¡Préñame!
Enid: Perdóname, pero yo te dije bien claro que no quería ninguno.
Roberto: ¿O sea, que ahora es mi culpa?
Enid: Claro que es culpa tuya. Si tu madre te hubiese castrado cuando lo tenías chiquito, que eso no ha cambiado mucho, esto no hubiese nacido.
*El niño está cada vez más intranquilo y empieza a gritar.*
Roberto: Pues, mira lo que haces, si lo llevas a las clases de obediencia de esas

que dan en Plaza Las Américas o qué, porque está insoportable.
Enid: No, yo no pienso hacer nada.
Roberto: Pues, yo tampoco.
Enid: Lo que debimos hacer era llevarlo a que le hicieran el "debarking"; se la pasa gritando y llorando todo el día. ¡Puro padre! ¡No lo soporto!
Roberto: Y meando y cagando todo. ¡Pura madre! ¡Ya no lo aguanto!
Enid: Y que ya está grande, así es bien difícil dárselo a alguien, porque ahora, ¿quién lo va a coger?
Roberto: Lo mejor es que salgamos de él lo antes posible.
Enid: (*Comienza a llorar histérica.*) Es una jodienda, cada vez que tenemos ganas de salir, nos tenemos que quedar en la casa porque nadie lo quiere cuidar. (*Él la toca en el hombro tratando de consolarla.*) ¡No me toques!
Roberto: ¿Y ese olor?
Enid: Apesta a...
Roberto: ¿No me digas que te volviste a tirar un peo con el aire prendido?
Enid: Esta vez no fui yo.
Niño: Caca... caca...
*Roberto y Enid se miran horrorizados. Observan atrás donde está el niño y, efectivamente, los asientos están cagados. Roberto da un grito iracundo.*

Roberto: ¡Carajo, en mi carrito nuevo…!
*Enid golpea al niño.*
Enid: ¡Cóño, no pudiste esperar a llegar a la casa…!
Niño: ¡Por favor, no me metas en la jaula, te lo suplico!
Roberto: Pues, para la jaula es que vas, condena'o.
*Enid lo mete otra vez en la jaula.*
Enid: Esta vez botó la bola.
Roberto: ¡Y la mierda!
Enid: ¡Arranca, arranca!
Roberto: ¿A dónde?
Enid: A donde sea. Vete por la carretera vieja a ver si encontramos un vertedero clandestino.

Tres.

*El auto llega hasta un vertedero clandestino.*
Roberto: Aquí es que es.
Enid: Mientras más lejos, mejor. No vaya a ser que encuentre el camino de regreso.
Roberto: Yo no lo quiero ver jamás.
Enid: Yo tampoco.
Roberto: Vigila que no venga nadie.
Enid: ¡Avanza, deja de comer mierda, coño!

*Roberto se pone una gorra y gafas oscuras. Se baja del carro y saca de la parte de atrás la jaula con el niño dentro y la deja entre la basura. Luego, cierra la puerta trasera, se monta en el carro.*
Roberto: ¡Ya está!
Enid: ¡Arranca, antes de que alguien nos vea!
*Roberto arranca a toda velocidad.*
Roberto: Vamos a tener que comprarnos unos pinitos con olor a vainilla porque esta peste está más fuerte que nunca.
Enid: Esta vez fui yo. (*Él la mira incrédulo.*) No me mires así, que tú sabes que con los corajes me pongo mala del estómago.
Roberto: Ya sabemos de quién heredó el niño los genes dominantes.
Enid: No pares, no te embobes. Sigue rápido.
*Roberto baja el cristal y sigue por la carretera.*
Enid: ¡Para! ¡Detente!
*Se detiene de improviso.*
Roberto: ¿Qué pasó ahora?
Enid: (*Arrepentida.*) Tenemos que volver.
Roberto: ¿Qué?
Enid: ¡Vuelve te digo!
Roberto: ¿Qué te pasa?

Enid: Soy una mala madre. ¿Cómo le pude hacer eso a mi propio hijo?
Roberto: ¿Cómo?
Enid: ¡Qué regreses, coño!
*Vuelven en reversa hacia donde está el chico. Enid se baja.*
Enid: Mi amor, aquí estoy. Recuerda que mami te ama.
Roberto: Y papi también.
Enid: Toma tus Cheerios®.
*Enid le tira una bolsa plástica con cereal para que el niño coma y sale disparada hacia el auto. Roberto arranca sin encomendarse a nadie. El niño saca la mano entre las rejas de la jaula y agarra la bolsa con cereal y comienza a comer.*
Enid: (*Aliviada.*) Ahora sí.
*Saca un pote de "hand sanitizer". Se limpia las manos y le pasa el pote a Roberto para que haga lo propio.*

Cuatro.

*Continúa la marcha por la carretera.*
Enid: ¡Detente!
*Roberto detiene el auto de un frenazo.*
Roberto: ¿Qué es?
Enid: Mira…
*Ambos se bajan del auto y ven a un gatito desnutrido. Enid lo toma en brazos.*
Enid: Bendito, mira…

Roberto: Pobre gatito. (*Conmovido.*) Dios mío, se está muriendo de hambre.

Enid: ¿Cómo es posible que haya gente tan inconsciente que abandone en las calles a estas criaturas indefensas, a estos angelitos de cuatro patas?

Roberto: A la verdad que hay gente que se comporta como animales.

Enid: Esos se van a pudrir en el infierno.

*Roberto se lo quita y le pone su nariz sobre la del gatito mientras que Enid trata de cogerlo de nuevo. Están eufóricamente contentos.*

Roberto: (*Tierno.*) Mira como tiembla...

Enid: Tiene hambre... carajo y que yo le dejé la comida al otro.

Roberto: ¿Nos lo llevamos?

Enid: ¡Ay, sí! (*Al gato.*) Yo soy tu nueva mami.

Roberto: Y yo soy tu nuevo papá. Vamos para casita para darte un bañito.

*Se montan bien entusiasmados en el carro.*

Enid: Bendito, menos mal que nosotros pasamos por aquí, si no, no sé que sería de esta pobre criaturita.

Epílogo

Veterinaria: Garantizamos que, para este proyecto, no se maltrató a ningún animal.

*Apagón.*

## El rescatista

*A Joselo Arroyo*

*Atardecer. Susurro de mar. Un hombre de treinta y dos años, uniformado con el traje de gala de la Agencia Estatal para el Manejo de Emergencias, trae consigo dos urnas con cenizas. Las coloca en una base de madera.*
Daniel:
Papi y yo siempre tuvimos una gran conexión. A veces sentía que podíamos leernos los pensamientos. Siempre enfatizaba que, en todo lo relacionado a un rescate, había que seguir el protocolo. Y que jamás podías dejar que la emoción, la frustración, el coraje, el miedo o la adrenalina te nublara el pensamiento. "Tienes que estar tranquilo, tranquilo, mostrarte tranquilo, tener la sangre fría. De eso depende la vida del que vas a rescatar, de eso depende tu vida". Por eso era tan metódico. Por eso era tan bueno en lo que hacía. Por eso salvó tantas vidas.

Cuando era chiquito, recuerdo un día que estaba lloviendo un montón. Y ustedes saben que la lluvia es la verdadera diversión del pobre. Estaba jugando con un muñequito que me gustaba mucho. No era la gran cosa, pero para mí lo era. De pronto, lo tiré en un charco y la corriente se lo llevó cuneta abajo. Mami no me dejaba salir del portón, así que pude ver horrorizado cómo las aguas se lo llevaban. Papi, que me estaba mirando por la ventana, se percató de todo. Salió con una sombrilla, se me acercó y me dijo: "Vamos a buscar a tu muñeco, vamos a rescatarlo. Pero te advierto, que si ya llegó a la alcantarilla, lo perdiste, no se puede hacer nada más". Eso me animó mucho y salimos. Seguimos la corriente de agua, nos deteníamos donde estaban las gomas de los carros estacionados para cerciorarnos de que no hubiese quedado pinchado. También, verificamos escombros y nada. Seguimos cuesta abajo, bien abajo y no lo encontramos. Cuando llegamos a la alcantarilla, que quedaba bastante lejos, supe que había perdido a mi muñeco para siempre. Es una sensación muy mala saber que se pudo haber salvado y que a lo mejor no se hizo lo suficiente. Es una frustración y un sentido de impotencia que se te mete por los huesos. Estaba a punto de llorar, cuando papi me puso su mano en la parte de atrás de mi cuello; me encantaba que hiciera eso porque sentir su mano grande y pesada ahí, me daba mucha tranquilidad, me daba mucha seguridad. Entonces me dijo: "No tienes que estar triste. Fuimos meticulosos e hicimos todo lo posible por rescatar a tu muñeco. Pero la corriente era muy fuerte. Todo quedó fuera de nuestro control". Eso de verdad me calmó, el saber que lo habíamos intentado y que estuvimos a la altura de la situación. El que papi me acompañara fue medular para mi conciencia y formación como rescatista, para ser el rescatista que soy hoy día. Me agarró de la mano y juntos regresamos a la casa. Ya no estaba triste. Más tarde salió y, cuando regresó, me trajo el muñeco.

Nadar en la playa no es como nadar en una piscina. Las corrientes son como ríos dentro del agua que te empujan mar adentro. No se puede tratar de regresar por el mismo lado donde se entró al agua. Hay que nadar paralelo a la costa o en diagonal para salir de la corriente que te está halando a mar adentro. Si alguien está pidiendo ayuda y no cuentas con el equipo apropiado de salvamento, le puedes lanzar una neverita para que la utilice como salvavidas. Esto porque la persona que se está ahogando entra en pánico y puede agarrar al rescatista de tal manera que le impida moverse, por tanto, peligran las dos vidas. En las playas, hay un sinnúmero de peligros potenciales. Hay días que está plana como un plato, pero caminas tres pasos y puedes caer en un fondo de cinco, de ocho o de diez pies. Cuando la gente pierde el balance, es cuando cae en las corrientes o en los fuertes movimientos de olas. De esto y otras medidas de seguridad estaba hablando papi ese fin de semana en una comunidad aledaña.

Así que, ese lunes, a papi le dio con que desayunáramos juntos como familia. Era bien raro que coincidiéramos, ya que todos teníamos distintos horarios. Y más en verano. A mis hermanitos, si los dejaban, se levantaban a las tres de la tarde. Pero, aun así, él insistió. Y cuando era para asuntos de la familia, no se le podía decir que no. Allí estábamos todos: papi, mami, mis cuatro hermanos menores y yo desayunando juntos. ¡Quién diría que sería la última vez que estaríamos todos juntos en la misma mesa! Papi me comentó que no iría a trabajar, que haría unas diligencias y en la tarde daría una vuelta por la playa.

Él era rescatista de la Agencia Estatal para el Manejo de Emergencias de Fajardo desde hacía más de 30 años. Estaba bien cerca de retirarse, pero decía que mientras tuviera salud seguiría haciendo lo que vino a hacer en este mundo: salvar vidas. Por eso me estuvo raro que me dijera que no iba a trabajar porque él nunca faltaba; tenía que estar de cama para no asistir. Entonces, se fue a playa Azul en Luquillo. Y mis hermanitos menores, Jesús y Jafet, se antojaron de acompañarlo. Donde quiera que iba papi, ellos también lo seguían. Querían ser como él.

Las condiciones del tiempo cambiaron rápidamente, pero eso no es raro en el Caribe. Así que no le preocupó mucho que sus dos hijos, mis hermanos menores, estuvieran en el agua porque ellos sabían nadar. Ellos son parte del cuerpo de voluntarios de la agencia. Toda la vida hemos estado en contacto con el agua. Así que, cuando los vio en apuros, sabía que algo terrible pasaría. Y lo sé porque brincó el protocolo. Y él jamás brincaba el protocolo porque, cuando se trata de la vida de los hijos, no hay protocolo que valga. Se tiró al agua gritando: "Dios mío, ayúdame, ayúdame…". Y me lo imagino pensando a quién rescatar primero. Optó por salvar primero a Jesús, el más chiquito, el de 14 años, porque era el que más cerca estaba. Cuando el mar está bravo, es bien difícil nadar, hay que hacer mayor esfuerzo de lo normal. Estoy seguro de que ya estaba cansadísimo por el esfuerzo, y que él sabía que no tendría las fuerzas para salvar al otro. Pero ¿qué iba a hacer? ¿Quedarse mirando mientras se te ahoga un hijo? No lo pensó y se volvió a lanzar al agua para tratar de rescatar a Jafet. Estoy convencido de que luchó hasta lo último porque el viejo nunca se rendía, siempre trataba todo. Siguió. Miraría a lo lejos y no lo vio. Y nadó, nadó y nadó hasta que ya no pudo más. Se ahogó. Un ciudadano sacó su cuerpo. Cuando yo llegué, me encontré con su cuerpo inerte en la arena. Pero el cuerpo de mi hermanito todavía estaba perdido. Coño, tenía 16 años. Acababa de graduarse de noveno grado hacía unos días.

*Queda de espaldas. Pasa su mano por la nuca, así como lo hacía su padre cuando él era niño. Se recompone.*

Se hizo un claro en el cielo y la luz de la luna iluminó a Jesús, el que se salvó, que caminaba de lado a lado esperanzado de que Jafet también lo lograría. Noté que murmuraba algo. Pensé que estaba orando. Cuando me acerqué, entendí lo que decía: era un poema de Lorca. Eso lo hacía mami siempre que nosotros estábamos en una misión de rescate. Lo recitaba con la devoción de un rosario. Le encantaba la poesía. Decía que algún día iba a terminar de estudiar. Quería ser maestra de español, pero con cinco hijos que criar, no hubo forma. *La luna vino a la fragua / con su polisón de nardos. / El niño la mira, mira. El niño la está mirando.*[*]

La búsqueda iba ya por dos días. El helicóptero de la Guardia Costanera colaboró. También la policía, los vigilantes de Recursos Naturales, la Guardia Nacional, los de la Agencia Estatal, los

---

[*] Fragmento de *Romance de la luna*, de Federico García Lorca.

buzos de la FURA. Hasta consideré seriamente meterme mar adentro para buscar a mi hermanito. Decidieron suspender los trabajos de búsqueda por las condiciones del tiempo. No había visibilidad. El monitoreo por tierra continuaría para saber el comportamiento de la marejada. La expectativa era que saliera a flote el cadáver de mi hermano. Eso ocurriría en el momento en que el cuerpo comenzara a descomponerse. Pensamos que el cuerpo pudo llegar hasta algunas de las cuevas submarinas que usualmente acumulan mucha basura. Mi hermano con la basura como si estuviera metido dentro de una alcantarilla. Le pedí a Dios que apareciera el cuerpecito y a las 4:40 de la madrugada, el mar nos lo devolvió.

No podía dormir, ¿quién duerme? y decidí iniciar la búsqueda por mi cuenta. La búsqueda había concluido a las 9:00 de la noche anterior y se iba a iniciar nuevamente a las 5:30 a.m. Pero yo tenía esa espinita. Llegué a las 3:00 a.m. y decidí comenzar el patrullaje. Busqué en la playa La Pared, Playa Azul, el Balneario La Monserrate y Playa Fortuna. Fui hasta la rampa de los pescadores y ahí vi un bulto. Yo sabía que era él. Unas olas estaban a punto de llevárselo de nuevo y, en mi desespero para que no se lo llevara, lo agarré por las piernas y lo saqué del agua.

A pesar del adiestramiento y de toda mi experiencia como rescatista, no estaba preparado para enfrentar el mar de emociones que me embargaron tras recuperar el cuerpo descompuesto de mi hermano. Jafet era un chico bien callado, un buen compañero. Tenía muchas amistades en la escuela y siempre estaba disponible para todo. Nunca decía que no.

Definitivamente, recuperar el cuerpo nos trajo paz. Mi papá ayudó a mucha gente, aquí están algunos de ustedes a los que les salvó la vida. Sé que están orgullosos de él como lo estoy yo y que está en sus oraciones. Todos los que lo conocieron saben que era una persona muy responsable. Murió como lo que fue: un rescatista. Lo único que lamento es no haberme despedido bien de ellos dos. Llego a la casa y está sola y vacía; no es fácil.

Por eso, a nombre de mi familia y el de la Agencia para el Manejo de Emergencias les doy las gracias a todos ustedes por estar aquí en este momento en que vamos a despedirlos mientras derramamos sus cenizas al mar. Sus pérdidas nos tocan profundamente. Papi quería que lanzaran sus cenizas al agua y así lo haremos con ambos, porque estaba convencido de que el agua es la fuente de la vida y eso le ayudaría a hacer mejor el recorrido al otro horizonte, a la otra orilla. Y que, desde aquella playita, junto a mi hermano, nos van a esperar para cuando nos toque a nosotros hacer ese recorrido. Y cuando estemos todos, poder sentarnos nuevamente a la misma mesa a desayunar.

Anoche por fin pude dormir. Y soñé con ellos. Soñé que abría la puerta de la casa y ellos me recibieron con un muñequito en la mano. Descansen en paz.

*Daniel lanza las cenizas al aire.*

*Apagón lentísimo.*

**Mami me mima**

*A Georgina Borri*

Uno.

*Una casa. Al fondo, un librero. Una mesa con dos sillas y Pedro dormido en una mecedora. Tiene un libro en su muslo. Llega Norma y le da un beso en la frente. Pedro despierta.*
Norma: ¿Dónde estoy?
Pedro: Estás en casa.
Norma: ¿Qué casa?
Pedro: La mía.
Norma: ¿Esta es tu casa?
Pedro: Sí.
Norma: ¿Pero es tuya o es alquilada?
Pedro: Es mía. La compré hace cinco años.
Norma: Tienes muchos libros.
Pedro: Sí.
Norma: Recuerdo que te comprabas muchos libros religiosos, de cuando te dio aquel follón con la religión.
Pedro: Sí. Esa clase de libros ya no me interesa.
Norma: ¿Por qué?
Pedro: Ya no creo en la religión.
Norma: ¿No?
Pedro: No.
Norma: ¿Y en qué crees?

Pedro: En el teatro. Las religiones son una cogida de pendejo.
Norma: Antes te encantaba. Te ibas todos los fines de semana a esos retiros allá en Caguas.
Pedro: Sí, en Santa María del Camino. Una locura, un error de vida. Eso me hizo sobreprotector y desarrollé el complejo mesiánico.
Norma: ¿Qué es eso?
Pedro: ¿El complejo mesiánico? Querer salvar a todo el mundo, aunque esté clava'o en una cruz. Yo no quiero salvar a nadie. La gente no tiene salvación.
Norma: ¡Ay, Virgen!
Pedro: Hablando de Virgen, ese segundo nombre que me pusiste fue un soberano disparate, ¿sabes? Error de madre. Yo lo escondo y hay sitios que se encargan de sacarlo y gritarlo a toda boca. Lo detesto.
Norma: A mí me encanta: Pedro Socorro.
Pedro: No me gusta. No me llames así.
Norma: Cuando yo estaba preñada de ti, tu tío estaba en Vietnam. No sabíamos nada de él, nada. Era una angustia tener que pensar que lo trajeran en una de esas bolsas negras con partes de él. Y yo le oré a la Virgen del Perpetuo Socorro para que lo protegiera. Le prometí

que si Pedro regresaba bien de allá le pondría su nombre a la criatura que esperaba. En ese tiempo, no había sonogramas. Así que no se sabía si era nene o nena. Te llamas Pedro como tu tío porque regresó bien de la guerra y el Socorro es por ella, por la Virgen.

Pedro: Menos mal que salí nene porque si hubiese sido nena ahora sería la Virgen del Perpetuo Socorro. Lindo que lo hubiese pasado; todo lo que me hubiesen jodido en la escuela.

Norma: A tu hermana no la jodieron por el suyo: Virgen del Carmen.

Pedro: Que tú sepas. Pero, aun así, no es lo mismo Virgen del Carmen que la Virgen del Perpetuo Socorro.

Norma: A mí me gusta.

Pedro: Me imagino. ¿Por qué le pusiste así a Prieta?

Norma: No le digas Prieta, dile Virgen. A ella no le gusta.

Pedro: Ella es prieta y no le molesta que le digan así. Ella me lo dijo, que tú...

Norma: Así la llamaba tu padre. A mí nunca me gustó. Ella no es tan prieta.

Pedro: Lo es, ¿y qué pasa?

Norma: Nada, nada, contigo no se puede hablar. Siempre quieres pelear.

Pedro: ¿Pelear? Contigo es que no se puede tener una conversación. Es como si todo lo que me dijeras es para cogerme fuera de base. Siempre tienes ese deseo de presumir que sabes más que yo o que eres más lista.

Norma: Jamás hice eso contigo, ¡jamás!

Pedro: Sí lo hiciste. Constantemente me criticabas con eso de la política.

Norma: Porque eras un fupista.

Pedro: ¡Yo nunca fui fupista! Ni siquiera supe dónde se reunían. Lo único que hacía era teatro. Ahí es donde soy un revolucionario. No es la barba lo que define la libertad.

*Norma trata de irse, pero no puede.*

Dos.

Pedro: (*Trata de detenerla.*) Todavía me acuerdo de la chica aquella, María Rosa…

Norma: ¿Quién era esa?

Pedro: ¿No te acuerdas?

Norma: No.

Pedro: Ella era una jevita que tenía en Cidra. Una vez la llevé a casa para que la conocieras.

Norma: ¿Esa no era la negrita?

Pedro: Esa misma. ¡Qué mucho me gustaba esa negra! Y mientras estuvo en casa, te quedaste calladita. La llevé a su casa y, cuando regresé, lo único que dijiste fue: "¿Y qué? ¿Ya llevaste a Blanca Nieves?"

Norma: (*Ríe.*) No me puedes negar que fue bien ingenioso el comentario.
Pedro: Lo fue. Tú y tus comentarios racistas. Papi era negro, negro y tú eres blanca, blanca. De milagro no salí cebra.
Norma: (*Cortante.*) Se supone que no nacieras.
Pedro: Lo sé, me lo dijiste una vez.
Norma: El médico me lo prohibió. No podía embarazarme más, me podía morir.
Pedro: Pero me tuviste y te lo agradezco.
Norma: Yo no quería tenerte. Yo no me quería morir. Estaba bien asustada.
Pedro: ¿Y por qué me tuviste?
Norma: ¿Y qué iba a hacer? ¿Abortarte?
Pedro: Nadie te hubiese acusado de nada.
Norma: Había que tenerte. Esas cosas no se cuestionan.
Pedro: ¿No sería que en el fondo lo que querías eras morirte?
Norma: ¿Cómo te atreves a decir una cosa como esa?
Pedro: Y como no moriste, ¿decidiste no criarme?
Norma: Pirel, ¿de dónde te sacas todas esas estupideces?
Pedro: Si me hubieses criado, lo sabrías. ¿Por qué cuando tenía tres años me enviaste para Puerto Rico con abuela?

Norma: Porque era lo mejor. Era yo sola con cuatro muchachos chiquitos en Manhattan. Me estaba volviendo loca con todos ustedes. Hice lo que pude. No quiero hablar más de eso.
Pedro: Nunca me hablaste de eso. Es más, nunca me contaste nada de nada.
Norma: No había nada que contar, no hay nada de qué hablar.
Pedro: Tienes que contarme lo que pasó de verdad.
Norma: Nueva York es una ciudad brutal, muy ruda. No es lo que los turistas piensan. Pero eso ya no tiene importancia.
Pedro: Para mí, sí la tiene.
*Norma trata de irse, pero no puede.*

Tres.

Norma: ¿Recuerdas algo de cuando estuviste allá?
Pedro: (*Trata de recordar.*) Una vez me oriné en la cama y Prieta sigilosamente buscó ropa para mí y ropa de cama limpia para que tú no te dieras cuenta porque te molestaba que meara la cama. Pero yo no podía contenerme, era muy chiquito. Frente a ese cuarto, estaba el baño. Te recuerdo ahí sentada cagando, con la puerta abierta para vigilar lo que hacíamos.

Norma: Recuerdas muchas cosas... eras muy chiquito. ¿Recuerdas algo más?
Pedro: También recuerdo pedazos de un viaje para acá. Paco me fue a buscar al aeropuerto y me llevó a la casa de abuela, allá en el caserío. Y allí fue que inició mi proceso de adaptación a Puerto Rico.
Norma: Yo te traje. ¿No lo recuerdas?
Pedro: No. Yo solo te recuerdo después, cuando tenía siete años, que te regresaste a vivir acá. Me trajiste un radio con cara de payaso. ¿Lo recuerdas?
Norma: No.
Pedro: Yo nunca les tuve miedo a los payasos, aunque no entiendo bien el concepto. Los payasos de cumpleaños no me gustan. Me gustan esos que hacen historias que te dejan pensando.
Norma: ¿Cómo está el bebé?
Pedro: Ya no es un bebé. Ya tiene once años.
Norma: ¿Once ya?
Pedro: Sí.
Norma: Yo recuerdo que le compré una ropita.
Pedro: Sí, la encontré, una de Winnie the Poo.
Norma: Me hubiese gustado vérsela puesta.

Pedro: Todavía la conservo. (*Pausa.*) Pensé que no lo querías.
Norma: ¿Cómo no lo voy a querer? ¡Pirel, no digas estupideces!
Pedro: Como nunca lo cargaste, nunca.
Norma: Porque tenía las manos sucias. No quería llenarlo de gérmenes.
*Norma trata de irse. Pedro trata de detenerla.*

Cuatro.

Pedro: Eso era algo que te importaba a ti, no a mí. Lo único que quería era que lo cargaras, que le dieras un poco de cariño.
Norma: Siempre que venían estaba cocinando. No había tiempo.
Pedro: ¿Cómo no vas a tener tiempo para cargar a un bebé?
Norma: Son muy frágiles.
Pedro: Ya tú tenías experiencia, cargaste a cuatro; bueno, a tres; a mí casi ni me tocaste.
Norma: A las otras madres no les gusta que les toquen a sus bebés. Mira a Annie, que siempre tenía encontronazos con ella por Anthony.
Pedro: Es Carlos, Carlos Antonio, no Anthony, deja la gringada.

Norma:     Es Anthony. Yo lo llamo como me dé la gana. No tengo que darte explicaciones.
Pedro:     De eso no tienes que darme explicaciones, pero de mi chico, sí. Desde que él nació, tanto la madre como yo queríamos que quien nos visitara, lo cargara. Queríamos que sintiera que nosotros no éramos los únicos en su vida; enseñarlo a socializar, que existen otras personas además de nosotros. Y parece que funcionó muy bien porque es un chico muy cariñoso. ¿Cómo no iba a querer que mi propia madre, su abuela, no lo cargara?
*Norma trata de irse, pero no puede.*

Cinco.

Norma:     ¿Qué quieres comer?
Pedro:     No quiero nada. Ya comí.
Norma:     Pues, cocino para cuando te dé hambre. ¿Como a qué hora te cocino?
Pedro:     Ya te dije que no es necesario.
Norma:     ¿A las 4 o a las 5?
Pedro:     ¡Mami, que no quiero nada!
Norma:     Hay bistec. También compré frijoles. Sé que te gustan.
Pedro:     Me encantan. Pero, de verdad que no quiero. Siempre me hacías lo mismo. Tan pronto terminaba de

almorzar, ya me estabas preguntando a qué hora iba a comer.

Norma: Para que todo estuviera a tiempo.

Pedro: Lo importante no era la hora, sino comer.

Norma: No, porque eso tiene un tiempo de preparación. Así yo lo calculo. Porque si no, iba a terminar cocinando tarde. Y eso es un problema para la digestión.

Pedro: Tú y la digestión.

Norma: Eso no son cosas mías. Eso es así. Hay que esperar una hora antes de comer otra cosa. Eso es la verdad. Tú sabes que yo estudié enfermería.

Pedro: Y ahí fue que te empezó la mierda esa de los gérmenes.

Norma: Ahí fue que abrí los ojos a la verdad.

Pedro: ¿Qué verdad? ¿A quién le importan los gérmenes? Lo que no mata, engorda.

Norma: Con tantos gérmenes que hay. Por eso es que los hospitales siempre estaban llenos, por los gérmenes, por las bacterias. Hay que limpiar todo, que quede todo limpio, limpio.

Pedro: Estás aquí, no para que me cocines, sino para que hablemos.

Norma: ¡Estamos hablando!

Pedro: No, no estamos hablando.

Norma: ¿Me vas a quitar lo único que sé hacer bien, cocinar?
Pedro: Y vuelves con lo mismo. ¡No es eso!
Norma: Por lo menos, dime cómo quieres el bizcocho de cumpleaños. Sé que te gusta de limón. ¿Quieres *cupcakes*? ¿Qué quieres que te regale?
Pedro: No quiero nada, tengo de todo.
Norma: Te voy a comprar una camisa. Eso siempre te va a hacer falta.
Pedro: Mami, deja de ofrecerme cosas. No necesito nada.
Norma: Vas a ir a casa para tu cumpleaños, ¿verdad?
Pedro: No sé.
Norma: ¿Cómo que no sabes? ¿Para dónde vas?
Pedro: Para ningún lado.
Norma: ¿Qué vas a hacer ese día que no lo quieres pasar conmigo? ¿Qué es más importante para ti?
Pedro: Haré lo que usualmente hago: trabajar.
Norma: Puedes pasar por casa antes de irte a trabajar. Puedo cocinar temprano. Es un momentito. Comes y después te vas.
Pedro: Como si fuera un restaurante...
Norma: ¡Mejor!
*Norma trata de irse, pero no puede.*

Seis.

Norma: Estoy muerta, ¿verdad?
Pedro: Sí.
Norma: ¿Hace mucho que morí?
Pedro: Diez años.
Norma: ¿Tantos?
Pedro: Sí.
Norma: No se sienten. El tiempo es distinto. ¿Cómo morí?
Pedro: ¿No lo recuerdas?
Norma: No.
Pedro: De un ataque cardiaco.
Norma: ¿Sufrí?
Pedro: No lo sé. El que te encontró fue Pinky.
Norma: Bendito.
Pedro: Llevabas dos días muerta cuando te encontramos.
Norma: ¿Fue en casa?
Pedro: Sí. Estabas en el que era mi cuarto. Ese día, Pinky me llamó para preguntarme si sabía de ti porque te tocaba la puerta y no abrías, que si yo sabía si habías salido. Tan pronto me lo dijo, intuí lo que había pasado. Llamé a Prieta y arrancamos para allá. En el camino, tratamos de mantenernos tranquilos, pero los dos sabíamos. Pinky llamó a la policía y rompieron la ventana. Cuando entró, fue directo a tu cuarto y, como no te encontró, pensó que de verdad habías salido. Pero,

cuando miró hacia atrás fue que te vio en el piso. Al rato llegamos nosotros. Verte en el piso, empezando a descomponerte fue fuerte. Te encontramos sábado, pero habías muerto el jueves. Me dio mucha pena. Moriste sola. Nadie merece morirse así.

Norma: ¿Los nenes me vieron así?

Pedro: No. Solo nosotros. Ya estabas tiesa, con la cara desfigurada. Tuve que ir a Ciencias Forenses para identificarte. Te hicieron unas pruebas para saber la causa de tu muerte y me dieron el certificado de defunción.

Norma: ¿No viste el cuerpo?

Pedro: No. Me enseñaron una foto. Yo fui solo. Quise evitarles ese *shock* a todos. De alguna manera, quise protegerlos a todos como si fuesen nenes chiquitos. Ya había tenido la experiencia de ver todo el proceso de abuela.

Norma: ¿Fue mucha gente a mi funeral?

Pedro: Sí. Fue gente que no conocía. Pero allí llegaron.

Norma: ¿Estaba linda?

Pedro: Tapamos la caja. No dejamos que nadie te viera. Como no te gustaba que te retrataran, entendimos que era mejor que estuviera la caja cerrada. Pusimos una foto tuya allí, encima del féretro.

Norma: ¿Tan mal quedé?
Pedro: El de la funeraria dijo que te reconstruyó bien, pero todos estuvimos de acuerdo en que se mantuviera cerrada.
Norma: Hicieron bien. (*Tenso silencio.*) Fue de pena.
Pedro: ¿Cómo?
Norma: Que me morí de pena, de soledad. Me dediqué por completo a ustedes. Y cuando se fueron todos de casa, quedé sin vida en vida.
Pedro: Encontré en la casa montones de frascos de pastillas.
Norma: Eran pastillas para los nervios.
Pedro: No botaste ninguno.
Norma: Eso no se podía botar.
Pedro: ¿Cómo que no se puede botar?
Norma: Uno no puede estar dando información confidencial por ahí.
Pedro: ¿Qué información? ¿De qué tú hablas?
Norma: La gente no se puede enterar de nada. Esa información la pueden usar en tu contra.
Pedro: ¿Hace cuánto tú tomabas pastillas contra la depresión?
Norma: Tú sabes.
Pedro: No, no sé. (*Pausa.*) Dime.
Norma: Demasiado tiempo. Pasaba demasiado tiempo sola. Ustedes no venían

a verme. Pasaban meses y tú no te aparecías, ni llamabas ni nada.
Pedro: Estaba ocupado.
Norma: ¿Ocupado?
Pedro: Sí, ocupado.
Norma: ¿Haciendo qué? ¿Qué puede ser más importante que visitar a tu madre?
Pedro: Vivía mi vida.
Norma: ¿Y yo no soy parte de tu vida?
Pedro: Sí, pero no puedes pretender que uno esté cerca de ti cuando tú nunca me tuviste cerca.
Norma: ¿De eso era que se trataba?
Pedro: ¿De qué?
Norma: De que te estabas vengando porque no estuve contigo cuando eras chiquito.
Pedro: No, no es eso. Tenía una vida y una carrera que hacer.
*Norma trata de irse, pero no puede.*

Siete.

Norma: ¿O sea, que tú no tienes ni un recuerdo lindo de mí?
Pedro: Sí, recuerdo cosas.
Norma: ¿Cosas? Todo es una queja, reclamo, pelea. ¿De verdad que no recuerdas nada agradable?
Pedro: Son cosas fragmentadas, inconexas.

Norma: Dímelas. Porque me estás pintando como un monstruo. Y yo todo lo que hice fue por ustedes. Todos los sacrificios que hice, tú no tienes ni idea. No me volví a casar porque no quería que nadie se metiera en la vida de ustedes y les hiciera daño.
Pedro: Una vez te dije que a nosotros no nos molestaba que rehicieras tu vida y te volvieras a casar.
Norma: Eso no era posible en el mundo que les creé. Yo era para ustedes. No podía permitir que ningún hombre rompiera eso.
*Norma trata de irse, pero no puede.*
Pedro: Curiosamente, tengo varios recuerdos tuyos en el hospital de cuando era chiquito.
Norma: Esos CDT eran un matadero. Gracias a Pedro Roselló que puso la tarjetita de salud para darnos un mejor servicio a los pobres. Vendió esos hospitales; debieron quemarlos.
Pedro: Recuerdo la tarjeta verde que contenía el número del expediente. Siempre que me llevabas al hospital me recetaban una medicina que era la misma, pero con distinto color: roja o verde, cuál de las dos más mala.
Norma: Y nunca estaba el mismo médico. Siempre venían jovencitos, parece que practicantes. Y cada uno de ellos venía

más apestado de la vida que el otro. Como si tuvieran miedo de que los pobres lo contagiáramos de algo.

Pedro: Recuerdo que, de chiquito, me llevaron de emergencia para el hospital.

Norma: Al regional de Caguas. Tenías apendicitis.

Pedro: No recuerdo cómo llegué ahí. Solo que me iban a operar. Estaba en una camilla y, cuando desperté por la mañana, tú no estabas. Me buscaron para llevarme a la sala de operación. Y yo les dije a esas enfermeras todas las malas palabras que me sabía del caserío. Me pusieron anestesia y dejé de patalear. Sentí que me abandonaste, que, en el momento de mayor vulnerabilidad, me volviste a dejar solo. ¿Dónde tú estabas?

Norma: Yo salí. No quería que me vieras llorar.

Pedro: Cuando salí de la operación, casi no podía abrir los ojos. Me imagino que por el efecto de la anestesia. Te pedí agua y te recuerdo diciéndome que no podías dármela. Mojabas un algodón y me lo exprimías en la boca. Yo pedía más, pero no se podía. Ese es el recuerdo más íntimo que tengo de ti, en el que estabas bien cerquita, donde sentí que me cuidabas. Cuando me dieron de alta, Paco me buscó para llevarme, no contigo, sino a casa de la abuela. Estaba acostado en la parte de atrás de un Nova y veía todo desde esa posición. Todo se ve muy distinto cuando se mira boca arriba.

Norma: Dos meses después, tuvimos que volver a operarte de una hernia.

Pedro: Esa no la recuerdo.

Norma: Cuando eras bebé, recién nacido, tuvieron que operarte de emergencia porque no podías bajar la leche, la vomitabas. Tenías la boca del estómago cerrada.

Pedro: Aún se me puede ver la cicatriz. Si me dan duro por esa área, me quedo sin aire. Como aquella vez que Sepu, aquel niño que estaba conmigo en tercer grado, que alguien lo empujó y se cayó. Él pensó que había sido yo y me dio tremendo puño en la barriga que me quedé sin aire. Trataba y trataba de respirar, pero no podía. Creo que hasta perdí el conocimiento. Al otro día llegaron sus padres, recuerdo que tenían un Volky amarillo. Estaban los dos papás en la oficina de la directora y yo estaba allí solo. Tú no fuiste. Sepu se disculpó y nos dimos la mano. Lo resolví sin ti.

Norma: Nunca supe de eso. No estuve allí.

Pedro: Sí estabas. Trabajabas allí, no recuerdo bien si de secretaria o de ayudante de kínder. Sé que estabas allí porque te miraba y me decía: "Mi mamá es la más linda del mundo". Estaba bien orgulloso de ti, hasta me acuerdo de que un día llevaste un sándwich de jamón y queso en pan criollo y lo compartiste conmigo. Me gustó mucho el gesto y el sándwich, todavía lo recuerdo.

Norma: Para ti, solo fui una mala madre.

Pedro: Una vez estábamos en el hospital, de nuevo, no recuerdo bien por qué. Salimos a comprarnos algo de comer en una guagüita que había allí. Entonces, fui solo a pedir algo y me dieron vuelta de más. Yo me quedé con el cambio, fui y te lo conté. "Mami, me dieron de más". Y tú muy seria me dijiste...

Norma: Que devolvieras ese dinero que no era tuyo. Que somos pobres, pero honrados... y a mucha honra.

Pedro: Y ahí aprendí una lección de honradez que todavía conservo.

Norma: Eso de ser pillos, ¡jamás!

Pedro: Siempre que quiero saber de ti, me compro unas pastillas violetas de sabor.

Norma: ¿Las *Violets*? ¿Todavía se consiguen?

Pedro: Sí, las compro en una farmacia que queda cerca del trabajo.

Norma: Tan ricas que eran.

Pedro: A todos les digo: ese es el sabor de mami.

Ocho.

Norma: Bueno, ya está. Me voy.
Pedro: No te puedes ir todavía.
Norma: Me voy cuando me dé la gana.
Pedro: No, porque este es mi sueño.
Norma: Tienes que dejarme ir.
Pedro: No hasta que hablemos todo lo que tenemos que hablar. Esta conversación no se me hace fácil porque casi no tengo recuerdos tuyos. Todo es muy fragmentado para mí.
Norma: No es conmigo con quien tienes que hablar. Habla con tu esposa.
Pedro: Me divorcié.
Norma: ¿Te divorciaste?
Pedro: Sí.
Norma: ¿Cuándo?
Pedro: Hace seis años.
Norma: ¿Por qué?
Pedro: No. Eso no es importante.
Norma: Lo es.
Pedro: No. Lo que es importante es lo que vino después.
Norma: ¿Te volviste a casar?
Pedro: No. Todas las cosas que me han pasado han sido por tu culpa.

Norma: ¿Por mi culpa? Claro, échale la culpa a la muerta.
Pedro: Uno de los problemas es ese, que te moriste.
Norma: ¿Cómo yo estando muerta puedo ser la culpable de algo?
Pedro: Porque al morirte nunca pudimos hablar claro.
Norma: ¿Hablar? Siempre estábamos hablando.
Pedro: No. Tú siempre estabas hablando y conspirando sobre política.
Norma: Te hablo la verdad. Aquí nos vamos a morir en la pobreza si los americanos se van.
Pedro: Pues, no veo el día en que se vayan al carajo.
Norma: Tú no sabes lo que dices porque tú vives un tiempo de prosperidad gracias a los gringos.
Pedro: (*Sarcástico.*) Sí, claro.
Norma: Tú estudiaste gracias a la beca Bell de los americanos.
Pedro: Pell, mami, becas Pell. Pue para que te enteres, ya en los últimos cuatro años yo tenía exención de matrícula porque estaba en el Teatro Rodante Universitario. Me pagaba mis estudios y también, para ese entonces, trabajaba como titerero. ¡Yo renuncié a la beca! Entendía que yo le estaba quitando ese dinero a otra persona que lo necesitaba más. Eso, a pesar de que

muchos de mis amigos cogían el sobrante para pagar sus carros. Por mis principios morales me negué a seguir cogiéndola, y eso que hubo momentos en que me las vi muy mal.

Norma: Pues, te crie bien.

Pedro: Ese es el problema, que no me criaste.

Norma: ¿Cómo que no te crie?

Pedro: Que no estuviste. Por eso te traje al sueño.

Norma: No entiendo. Me sacrifiqué para que no te faltara nada.

Pedro: Faltaste tú.

Norma: No entiendo tanta lloradera. Ya tú eres un hombre... "Mami no estaba", "Mi mamá no me crio", "Mi mamá no me ama", "Mi mamá no me mima". ¡Compórtate como hombre, coño!

Pedro: Ese es el punto. No es necesario que me regañes como a un nene chiquito.

Norma: ¿Qué punto?

Pedro: Que no se trata de cosas como de ser hombre o de ser mujer.

Norma: No te entiendo.

Pedro: Se trata de que te moriste y no explicaste.

Norma: ¡Me salvé yo ahora! ¿También me tengo que disculpar por morirme? ¿De cuándo acá una tiene que pedir permiso para eso?

Pedro: Tranquila. No tienes que alterarte.
Norma: Me altero si me da la gana. Para eso soy tu madre.
Pedro: Bien. Altérate, entonces.
Norma: No, ahora no. Me voy.
Pedro: Te dije que no te puedes ir. Y esta vez, no vas a evadir esta conversación.
Norma: Es que no entiendo qué es lo que estás tratando de hacer.
Pedro: Porque se me hace difícil hablar de esto. No es como si yo me pudiera sicoanalizar. Mi problema es que tengo *issues* de abandono.
Norma: ¿Qué es eso?
Pedro: Que todo lo que tenga que ver con relaciones con mujeres, de alguna forma u otra, si la cosa se jode, me echo la culpa porque pienso que no merezco que me quieran, que, de alguna manera u otra, todas me abandonan.
Norma: ¿Pero las mujeres te abandonan?
Pedro: No. Yo las abandono.
Norma: ¿Cómo puede ser un *issue* de abandono si eres tú el que las abandonas? No entiendo nada.
Pedro: Yo tampoco lo entiendo mucho. Pero por ahí va la cosa.
*Ríen.*
Norma: Tú tienes un humor extraño.

Pedro: ¿De quién crees que lo heredé? Mi humor es igualito al tuyo. Estuve toda la vida buscando todas las cosas que me diferenciaban de ti, y cuando te moriste, fue que me di cuenta de que, de todos nosotros, yo soy el que más se parece a ti. Somos igualitos.
Norma: Sí.
Pedro: Esto está un poco enredado. Déjame explicártelo con calma. Sentía que algo andaba mal en mis relaciones, sobre todo después del divorcio. Y me echaba la culpa porque lo que empezaba lo boicoteaba o ellas lo boicoteaban. Y era todo un asunto de culpa. Y me dije: "Esto no está bien, tengo que hacer algo". Entonces, hablé con el Comandante...
Norma: ¿Con Fidel?
Pedro: No, un amigo psicólogo. Me dijo que era que no había resuelto problemas con mi mamá, que debíamos trabajarlo en psicodrama. Y yo le dije: "¿Sí?... mierda es. A mí tú no me vas a someter a esa mierda". Como me conoce, entonces me viró la tortilla y me dijo: "Deberías escribir sobre ella". Pero ¿cómo lo haría si ya tú estabas muerta? Ahí supe que tenía que resucitarte.
Norma: Por eso estoy aquí.
Pedro: Sí, por eso estás aquí. Eres medio escurridiza.

Norma:   O sea, que yo soy una obra de teatro para ti.
Pedro:   De alguna manera, sí.
Norma:   Por fin soy importante en tu vida. ¿Hay gente mirándonos?
Pedro:   Siempre hay gente mirando. Nos gusta el voyerismo y la validación.
Norma:   ¿Y qué más dijo?
Pedro:   ¿Quién?
Norma:   El psicólogo.
Pedro:   Ya no está.
Norma:   ¿Se murió?
Pedro:   No.
Norma:   ¿También vas a hacer una obra de él?
Pedro:   Traté, pero no quiso. Ese es más escurridizo que tú. Todos tenemos nuestros rollos con nuestras madres.
Norma:   Yo no tengo ningún rollo contigo. Estoy muerta. Creo que ya tienes suficiente material para tu obra de teatro.
Pedro:   Yo no quiero escribir una obra de teatro sobre tu vida o la mía.
Norma:   ¡Ay, ya! Estoy cansada... agotada...
Pedro:   ¿Cansada? ¿Cómo puedes estar cansada?
Norma:   No lo sé, pero lo estoy.
Pedro:   Bien. No voy a insistir más. Dejémoslo aquí. Vete.
Norma:   ¡Al fin!

*Norma inicia la salida, pero gira a Pedro.*

Norma: Yo me tuve que entregar a tu pai allá en Nueva York para no morirme de hambre.

Pedro: ¿Y por qué no me habías dicho nada de eso?

Norma: ¿Y cómo tú pretendes que yo te cuente una cosa como esa? Él no era lo que tú crees. Bebía y se volvía violento.

Pedro: ¿Y por qué no te fuiste?

Norma: Lo intenté. Pero ¿a dónde me iba a ir con nenes chiquitos? No tenía ni dónde caerme muerta. Aguanté todo lo que pude. Él sabía que no podía tener un cuarto hijo y, aun así, no le importó.

Pedro: ¿Papi te violó? ¿Es eso? ¿Que te recuerdo eso y por eso me abandonaste?

Norma: ¿Cómo me va a violar si estábamos casados?

Pedro: Si no hay consentimiento, aunque estén…

Norma: Sobrevivir es más importante que cualquier otra consideración. Nunca te faltó nada, ¿verdad? Se hizo lo que se tenía que hacer y se aguantó lo que se tenía que aguantar. Y ni tú ni nadie tiene derecho a juzgarme.

Pedro: Yo no te juzgo. Lo que quiero es entender.

Norma: ¿Entender qué? Todo lo que hice fue para protegerte. Criar cuatro muchachos encerrados en un apartamento no es fácil.

Pedro: No me convences con eso. Porque si fue para protegerme, ¿por qué no me llevaste contigo cuando regresaste?
Norma: Porque al regresar, cuando te vi, eras un niño feliz. Mi intención era reunir a toda la familia de nuevo. Pero, al verte con mami y la conexión que tenías con ella, de todo el cariño que se demostraban, entendí que ya yo estaba de más, que habías dejado de ser hijo mío para ser hijo de mami. ¿Qué tenía que ofrecerte? ¿Escasez? Ni siquiera tenía dónde vivir con tus hermanos.
Pedro: Necesitaba esta conversación. Hemos hablado con más honestidad en este sueño que en toda la vida juntos.
Norma: No pienses tanto las cosas. Lo que entiendas que te faltó, dáselo en abundancia a tu hijo.
Pedro: Lo haré.
Norma: Vive.
*Norma inicia la salida. Pedro se empieza a dormir en la mecedora. Con los ojos cerrados, la detiene con la palabra.*
Pedro: Mami...
Norma: ¿Qué?
Pedro: Bendición...
Norma: Dios te bendiga...
*Norma sale. Pedro se despierta sobresaltado. Busca a Norma. Mete su mano en el bolsillo, encuentra el dulce*

Violets, *se lo come y sonríe. La mecedora de Norma comienza a moverse sola.*

*Apagón lento.*

**Payaso sin fronteras**

*A Carlos Miranda*

*Interior de una casa. Es una habitación sencilla, contiene lo necesario. El decorado mostrará fotos de payasos de diversos tipos y de épocas distintas. También, se encuentran recortes de periódicos enmarcados que recuerdan una época de oro circense que ya no existe. De ser posible, la pared de fondo podría ser un telón pintado como si fuera un decorado de alguna carpa de circo. Detrás de la pared, como un eco lejano, una música de acordeón. Luz alegre. De afuera, una voz ronca llena de entusiasmo.*
Emilio: Papá... papá...
*Se escucha un mueble caer que muy bien podría confundirse con el ruido que produce una puerta cuando se cierra a la fuerza. Entra Emilio con una maleta roja. Es un hombre alto, flaco por comer lo necesario. Está curtido por el sol.*
      Papá, soy yo, Emilio, tu hijo. (*Tratando de ser gracioso.*) ¡Como si te viniese a visitar otro Emilio u otro hijo! Papá, sé que estás ahí. Acabo de escuchar cómo tiraste la puerta del cuarto. Sal.
*Emilio comienza a soltar sus cosas: la maleta, su abrigo y otras prendas que denotan que ha hecho un largo viaje.*

Papá, no puedes seguir enojado conmigo toda la vida. Vine a resolver nuestras diferencias. Sabes que te amo y quiero que hagamos las paces de una buena vez. Tienes que dejar de encerrarte en tu cuarto cada vez que quieres huirle a una confrontación. Viejo, sal. No te creas que me voy a ir tan fácilmente. Yo no me muevo de aquí hasta que nos contentemos. Ya no soy la misma persona. He cambiado y no sabes cuánto. El irme del país fue la mejor decisión que he tomado en mi vida. Me dio perspectiva, acá uno anda mirándose el ombligo, pero fuera crecí como persona; allá me hice gente. Y quiero compartir eso contigo. (*Espera respuesta. Silencio.*) ¿No tienes ganas de verme? ¿No me vas a decir nada? Pues yo no me pienso callar. Tendrás que escuchar todo lo que tengo que decirte a través de esa puerta. Y cuando acabe de hablar, quiero que salgas y me des un abrazo porque yo te voy a abrazar muy fuerte.

Cuando me fui de aquí, no nos despedimos bien debido a aquella pelea pendeja que tuvimos. Me fui directito al aeropuerto rumbo a España. Sí, porque estaba por allá. Allá no sabía qué hacer porque lo único que quería era ser payaso, como lo fue el abuelo Lo, como lo eres tú y como lo soy yo ahora. Tres generaciones de payasos. Eso es una hazaña, casi un legado. Y el día que tenga un hijo, también continuará la tradición. ¿Tú te imaginas? ¿Cuatro generaciones de payasos? Eso ya no se ve por ningún lado. Yo sé que tú querías que siguiera siendo contable, que no querías que siguiera esta tradición. Pero es lo que somos, payasos. Porque lo llevo en la sangre, porque el que lo hereda no lo hurta y porque hijo de gato caza ratón y porque ser contable está cabrón. Yo no quiero llenar una planilla más en la vida. Estudié contabilidad solo para complacerte, pero no podía más.

Cuando llegué a Madrid, no sabía por dónde empezar a buscar empleo, aparte de que no tenía visa de trabajo. Estaba bien rocheau, así que allí estuve a punto de regresarme antes de que se me acabaran los chavos. Fue entonces cuando vi el anuncio que cambió mi vida: Payasos sin fronteras. ¿Habías escuchado de ellos? Porque yo no. Sabía de los médicos sin fronteras, pero no sabía que se podía exportar alegría. Y me fui con esos locos para Turquía. En ese momento no sabía que había tantos refugiados de Siria. No sabía nada de nada. Yo lo que quería era hacer algo distinto con mi vida.

En el aeropuerto no dejaban pasar nada que no fuera ropa. El de aduana, un tipo alto, barbudo, seco, descubrió mi nariz, la nariz de payaso, la nariz de payaso que me regaló el abuelo Lo. Él me miró, y en un inglés goleta peor que el mío, me escupió que no podía dejármela pasar porque se consideraba material prohibido. Imagínate mi cara. Cargaba con lo único que me conectaba con ustedes. Parece que se dio cuenta porque miró para un lado y luego para el otro para asegurarse de que nadie estuviera viendo y bajito me dijo: "Pasa. Escóndela bien, que no te la vean. Yo también soy payaso". Y me dio esa sonrisa de complicidad que se da cuando dos personas de culturas diferentes tienen una causa común que va más allá de cualquier muralla idiomática. Lo mismo que me decían ustedes y que yo no lo entendía bien. Tuve que ir tan lejos para entenderlo.

  Viejo, no salgas todavía. Déjame enseñarte el maquillaje del payaso Piero. ¿Te acuerdas? Así era que me decía abuelo Lo: Piero.

*Busca la maleta, saca su maquillaje y comienza a maquillarse.*

  Papá, te juro que nunca fui tan libre y nunca la risa fue tan revolucionaria. La misión allá consistía en tratar de mejorar la situación emocional de los niños y de las niñas que son afectados por algún desastre natural o que hayan vivido algún conflicto armado y que viven en alguna especie de campo de refugiados.

Allí hay casi tres millones de refugiados. Es como si metieras toda la población de puertorriqueños en un campo y la cercaras con alambre de púa como reses. No tienes idea de lo deprimente que es vivir bajo esas condiciones. ¿Dónde y cómo vivirá la próxima generación?

Este asunto me preocupa muchísimo porque no veo que haya futuro. Ahí fue que entendí la importancia de nuestra labor. Porque la risa los nutre de esperanzas, porque la risa perdura, porque ese es el primer paso para ayudarlos a levantarse de la miseria en que viven. ¡Porque la risa salva!

¿Sabes cuál es nuestro lema, nuestro mantra? "La risa es un componente sicológico fundamental, imprescindible en la acción humanitaria. Porque reír y verse reír unos a otros es señal de permanencia y de resiliencia ante la adversidad". Esto lo repetía todas las mañanas antes de que saliera la luz del sol para no olvidarlo, para darme fuerzas, para no rendirme. ¿Cómo podría darles alegría si yo era el primero en estar triste, deprimido? Entonces, veía a padres con sus hijos que, a pesar de vivir en una situación infrahumana, en sus rostros se notaban que ansiaban un futuro mejor. Es sorprendente la capacidad que tenemos los seres humanos para adaptarnos a las situaciones más desesperantes, y aun así, confiar que vendrán días mejores. Pero no es fácil. Hay muchos rendidos, extenuados, que ya no quieren seguir. Y no los culpo. Por eso es importante nuestro trabajo.

Papá, tenemos que redefinir nuestro arte, repensarlo. No como un acto para pagarles deudas a los bancos, sino como un acto trascendental. Porque dar felicidad a la gente es un valor enorme. Empiezan a ver que no están solos en el mundo.

Yo sé que estás frustrado. Que en los últimos años te has dedicado a los cumpleaños de niños ricos de urbanizaciones cerradas. Que te rejode que, en el momento más importante del espectáculo, las madres empiecen a repartir el bizcocho y los regalos inútiles, dejándote ahí parado como una mera piñata, ignorado por completo. Que te duele enormemente porque estudiaste en las mejores escuelas de payaso de Estados Unidos y aprendiste el oficio con los mejores. Viejo, tienes tanto talento.

Por eso vengo a buscarte para llevarte conmigo, que empieces una nueva vida. No es tarde para eso. Quiero que dejes de consumirte aquí, que no estás viejo, sino que estás lleno de conocimiento, de un conocimiento tan valioso que no sabes lo útil y trascendente que es. Es devolverles la esperanza a esos niños y niñas, que retomen sus ilusiones desde la inocencia, desde el juego, desde el humor. Eso le dio sentido a mi vida y estoy seguro de que le dará sentido a la tuya.

Vamos, viejo, vamos a llevar alegría, coño. Solo necesitas tu nariz y tu ingenio. Si yo, con la mitad del talento que tú tienes, pude, imagina todo lo que puedes hacer tú, lo que podemos hacer juntos. Vamos a trazar puentes entre civilizaciones, a romper fronteras, a superar los obstáculos idiomáticos, culturales, políticos y geográficos. Porque la risa es el lenguaje universal. Y cuando se trata de sacar risas, ninguno como tú. Sabemos que la risa no cambiará al mundo, pero sabemos que con la risa el mundo es mejor.

Es importante que sepas algo. Mi conciencia social y la de los que me acompañaron cambió para siempre. Te digo, estoy que no me vas a reconocer. Cuando no estamos en campos de refugiados, nos pasamos haciendo protestas. ¿Puedes creerlo? Yo, en protestas. Allá se lucha por otras razones. Allá las protestas son contra la corporatocracia.

Me imagino que no sabes lo que es. Yo tampoco lo sabía. Acá andamos echándole la culpa a los políticos, somos muy isleños, con una mentalidad de colonizados que pensamos siempre que no podemos, que es mejor dejar todo como está, que es mejor malo conocido que bueno por conocer. Pensamos que nuestros microproblemas son los peores del mundo. Pero estamos muy enajenados. A los países no los mandan sus gobiernos, eso es lo que nos ha hecho creer. Al mundo lo gobierna la corporatocracia. No todas son compañías reconocidas. Pero ese asunto en Siria, por ejemplo, muchas compañías son las que se benefician de lo jodida que está la gente.

    La corporatocracia es un concepto nuevo que se usa para nombrar a este grupo de individuos que maneja las corporaciones y multinacionales. Son los que realmente controlan al mundo. Son pocos, pero manejan la mayor parte de la riqueza. Suben y bajan a la gente del poder. Deciden cuándo y dónde habrá conflictos armados y así se benefician de las ventas de armamento. Ahora están comprando hasta las reservas de agua como lagos, ríos y quebradas porque quien controle el agua, controla la humanidad. Controlan todo. Tienen la capacidad de modificar las leyes, pero no son castigados si las violan. ¿Sabes cómo lo hacen? Manipulan los medios, compran a los políticos por medio de financiación a sus campañas y no le responden a nadie. En fin, son los dueños del planeta.

Papá, se nos ha adiestrado a vivir con un sentido patriótico pendejo, de pertenecer a una nación que justifica morir por el símbolo patrio de la supuesta libertad y la democracia de mierda. Y resulta que todo es una estrategia de márquetin para beneficiar a unos pocos. Y el resto de los inocentes termina en la pobreza, sin casas, sin comida, con familias disueltas, regadas en algún campo de refugiados.

Un día nos paramos frente a unos muros de una corporación. Nos vestimos con nuestros vestuarios de payaso de gala. La gente y la prensa se creían que íbamos a hacer perritos con globos y trompetillas. Y ante los ojos de todo el mundo, frente a ese muro que representa la opresión, la vergüenza y el silencio conspirador y cómplice, ante eso en nombre de toda la humanidad: nos desnudamos. Lo hicimos para demostrar que la humanidad está sumida en el desamparo y en la desprotección ante la opresión.

Papá, nunca antes el ser payaso tuvo tanto significado humanitario y de solidaridad ante los que no tienen nada. Es hora de derrumbar barreras, de buscar ideas en común. Sí, he hablado de muchas cosas y no he parado. Por eso fue que me dije que tú, que tienes una sensibilidad especial, podrías

acompañarme en esta misión. No en la de desnudarse frente a las multinacionales, sino a llevar alegría donde más haga falta. Por eso he venido a buscarte, no para regresar a Europa que está tan lejos, sino para irnos aquí cerquita, al sur de Texas donde están siendo separados los niños de sus padres y metiéndolos en jaulas, que su única ilegalidad es cruzar una frontera en búsqueda de mejores condiciones de empleo para poder echar para adelante y ayudar a sus familias que se quedaron atrás. Es terrible que esto ocurra. Allá es que tenemos que ir para denunciar esta atrocidad y para llevar alegría a estos hermanos latinoamericanos. Porque hoy son ellos, pero mañana podríamos ser nosotros. Ese payaso anaranjado es una vergüenza para todos nosotros.
*Termina de maquillarse.*
Sal, viejo. Ven y mira mi maquillaje. Busca tu nariz, maquíllate y vámonos. Tú y yo. Padre e hijo. Si te quedas aquí, no sé de lo que puedas ser capaz. No quiero que me pase como te pasó a ti con el abuelo Lo, que oíste el momento en que se voló la tapa de los sesos y lo encontraste en su cama vestido con su traje de gala de payaso. Sé que lo hizo por su enfermedad terminal, pero yo estoy convencido que lo hizo porque se sentía inútil. Que yo sé que antes de dispararse

ya él estaba muerto de pena. Y tú has cargado toda la vida con esa culpa, reprochándote que, si hubieses entrado a ese cuarto cinco minutos antes, lo hubieras podido salvar. Así que sal de ahí ahora mismo. Es más, voy a entrar, aunque tenga que romper la puerta.
*Emilio se dirige a la puerta del cuarto. En caso de que se haya acogido la idea de un telón pintado, pues en este momento se descorrería como si fuera una cortina de baño. Y vemos al papá de Emilio, vestido de payaso, ahorcado.*
                Papá... papá, no... nooo...
*Emilio lo agarra por las piernas tratando de bajarlo.*

*Apagón lento.*

## Bájate de esa grúa

*A los que luchan por estar con sus hijos*

*Víctor Reyes, de unos 38 años y fornido, está trepado en un andamio, que a su vez simulará a una grúa de construcción. A su lado tiene una neverita de playa con botellas de agua y un bolso con comestibles. También tiene un pandero. Presenta o levanta una pancarta que tiene escrito: "Quiero ver a mis hijos". Habla por un megáfono a los que lo miran, ya que ha detenido el tránsito y los trabajos de construcción.*

Víctor: Quiero que me dejen ver a mis hijos. Hace tres meses que no los veo. Quiero que me dejen ver a mis hijos. Tres meses, esto es un abuso.

*Coge el pandero y canta como los estribillos tradicionales de las huelgas, pero con la letra cambiada a su conveniencia.*

(Canta.) Voy sufriendo, voy llorando. Voy sufriendo, voy llorando. La madre tiene a mis hijos estoy desconsolado. La madre tiene a mis hijos estoy desconsolado. (Cambio de ritmo.) Mis hijos sí, entrégalos. Mis hijos sí, entrégalos. (Cambio de ritmo.) Mañana, por la mañana, tráeme a mis hijos menores, que papito los espera pa' llenarlos de amores.

*Interrumpe el cántico y coge el megáfono de nuevo. Como si discutiera con alguien.*
    Que no me voy a bajar hasta que vea a mis hijos. Este abuso contra los hombres se tiene que acabar ya.
*Abajo, en la acera, llega Carmen Bonilla, de unos 53 años, la exsuegra de Víctor. Es de baja estatura y sabrosita. Este se impacienta al verla.*
Carmen:     ¿Qué tú haces ahí trepa'o?
Víctor:     ¡Aléjate! No des un paso más.
Carmen:     ¿Te volviste loco? (*Da un paso.*)
Víctor:     Si das un paso más, me tiro.
Carmen:     (*Retrocede el paso.*) Cálmate, como siempre, estás haciendo el ridículo delante de la gente.
Víctor:     Estoy calmado, bien calmado.
Carmen:     Tú lo que querías era salir por televisión. Ya saliste, ahora bájate.
Víctor:     Lo único que quiero es que me dejen ver a mis hijos.
Carmen:     ¿Y qué quieres que haga? ¿Que traiga a los nietos y los trepe allá arriba contigo para que los presentes al mundo? ¿Quién te crees que eres, Lion King?
Víctor:     El acuerdo fue que yo me quedaría todo el verano con ellos.

Carmen: ¿Cómo que todo el verano? Imposible. Ese es el tiempo que tenemos para pasarlo en familia.

Víctor: Lo acordamos desde el año pasado. Ella no puede venir a cambiar los planes a su conveniencia.

Carmen: Tú no hiciste asignaciones con ellos y ahora quieres estar metido en la playa con ellos para que se les achicharre el cerebro como a ti.

Víctor: Me corresponde.

Carmen: Tú quieres siempre lo fácil. Ella les daba los antibióticos cuando se enfermaban y ahora les quieres poner *sunblock*. ¡Qué bonito! Así cualquiera es papá.

Víctor: Ella nunca me decía cuando estaban enfermos, nunca. Ah, pero si se pelaban una rodilla cuando estaban conmigo y yo no le decía nada, la gritería que me formaba.

Carmen: Ella no grita, es que te habla duro porque tú eres sordo.

Víctor: Lo que estoy es harto del atropello que tiene su hija conmigo.

Carmen: Pero ¿qué fue? ¿Estás incubando al mosquito ese, el chikunguña, dentro del cerebro?

Víctor: Yo no estoy loco.

Carmen: Acaba y baja si no quieres que me trepe y te baje a galleta limpia.

Víctor: (*Gritando.*) Escúchenla todos. Esas mujeres son unas abusadoras. Esa es la suegra, y su hija, es peor todavía.
Carmen: ¡Deja el *show* ese! Tan grande y tan pendejo.
Víctor: Dile a tu hija que me quite la querella por Ley 54.
Carmen: Ella no te va a quitar nada.
Víctor: La Ley 54 es discriminatoria. Está hecha para joder a los hombres. Ella lo hizo para sacarme más dinero de la pensión. Si un hombre le levanta la mano a una mujer, va preso. Si una mujer le levanta la mano a un hombre, es en defensa propia.
Carmen: Admisión de culpa, relevo de pruebas. Le levantaste la mano para darle.
Víctor: Levanté las manos para rogarle al cielo por compasión.
Carmen: En la cárcel es que deberías estar, por abusador.
Víctor: ¡Ya estuve preso! Ella fue la que me tiró el cuchillo. Si no me tiro al piso, me rebana el pescuezo como a puerco en navidad.
Carmen: Mi hija sería incapaz de tirarte con un cuchillo. Esos cuchillos salieron caros. Lo más probable fue que se le zafó de las manos cuando te preparaba la comida. ¡Se confundió de cerdo!
Víctor: Esa mujer es mala, mala.
Carmen: Si es tan mala, ¿por qué no le pones tú una orden de protección?

Víctor: Lo intenté. Fui al cuartel, le enseñé el tajo que me dejó. ¿Sabes lo que hicieron?
Carmen: ¿Qué te hicieron?
Víctor: Se rieron. A carcajadas. Ese fue el chiste del cuartel. No me creyeron, que cómo era posible que un hombre tan grande se dejara dar de una mujer tan chiquita.
Carmen: Es la verdad. Compórtate como hombre.
Víctor: Ella tiene el diablo metido por dentro. No, ella no tiene el diablo metido por dentro: ella es el diablo.
Carmen: El Señor te reprenda y te llene esa boca de sarro. Mi hija es una mujer buena. Tú lo que quieres es que te cojan pena para que te bajen la pensión.
Víctor: Yo soy un buen hombre...
Carmen: Tú lo que quieres es pasarle 100 pesos para que te sobren más chavos para irte a beber, ¡borrachón!
Víctor: ¿De qué tú hablas? Yo tengo dos trabajos para poder vivir, para poder pagar deudas viejas. Y esa mujer vive con odio. Lo que quiere es vivir bien sin tener que trabajar.
Carmen: Ella es una mujer sacrificada...
Víctor: Lo que debe hacer es buscar un trabajo de verdad.

Carmen: ¿Cómo va a trabajar con tres muchachos? Porque para preñarla no pasabas trabajo.
Víctor: Yo soy el que se sacrifica aquí.
Carmen: ¿Y criar muchachos no es un trabajo de verdad? Bájate de esa grúa que estás haciendo el ridículo. Las mujeres renunciamos a muchas cosas. Nos fajamos para que nada les falte a los hijos. Los educamos, los cuidamos, les enseñamos cómo desenvolverse en la vida, los protegemos. ¿Y tú te quejas porque solo tienes que pasar dinero? ¡Hombre, no! Acaba y bájate de ahí.
Víctor: Yo soy un buen padre.
Carmen: Esa mujer es una santa.
Víctor: Una santa cabrona.
Carmen: Dilo más duro, para que todo el mundo sepa lo barraco que eres en realidad.
Víctor: Yo la aguanto porque no le quiero dar. Pero ella jode, jode y jode. Esa vocecita chillona la tengo metida aquí, dentro de las orejas.
Carmen: Eso es cerilla lo que tienes por dentro por no limpiártelos.
Víctor: Tú no sabes las cosas que los hombres les aguantamos a las mujeres.
Carmen: ¿O sea, que ahora los hombres son las víctimas? Ustedes son unos irresponsables. Todo se lo dejan a las

madres. ¿Por qué no le cuentas a todo el mundo que te metiste en la casa como un delincuente pa' hacerle daño?
Víctor: ¡Esa es mi casa!
Carmen: Tú no tenías nada que hacer en esa casa. Eso es allanamiento e invasión de morada y de la privacidad.
Víctor: Yo la llevo pagando 20 años y un día llego y resulta que me cambió la cerradura.
Carmen: Esa casa es de mi hija, de mis nietos y ahora mía porque me voy a mudar para allá. Tú lo que quieres es quitárnosla y dejarnos en la calle. ¿Eso es lo que tú quieres, que tus hijos vivan de los cupones y del plan ocho?
Víctor: ¿Cómo?
Carmen: La nena está destruida. La siquiatra le recomendó que se arreglara para levantarse la estima que tú le has destruido.
Víctor: ¿Y quién me ayuda con mi autoestima, ah?
Carmen: Tú eres hombre, aguanta como macho. Allí está ella en el *beauty*, pintándose el pelo y haciéndose las uñas. Está destruida, llorando desconsolada.
Víctor: Yo aquí pasando necesidades y ella dándose buena vida con mis chavos.
Carmen: Eso no es darse buena vida. Tú lo que quieres es que ella ande por ahí con ese pelo como mapo de comedor

escolar. Y para que lo sepas, ni el tinte coge bien por la canallada que le estás haciendo.

Víctor: Nadie me cree. Pero hoy, el mundo entero sabrá la verdad. Esa mujer se gasta todo mi dinero. Anda para arriba y para abajo con ese carro del año.

Carmen: ¿Y qué tú querías, que andara en una carreta de bueyes?

Víctor: Esa mujer me ha sacado el vivir.

Carmen: ¡Ay, no seas tan llorón!

Víctor: Ella se queda con casi todo mi sueldo. A duras penas me sobra 400 pesos al mes. ¿Y quién vive con esa cantidad de dinero en este país? (*A algún hombre del público.*) Dime, ¿tú puedes vivir con 400 pesos al mes, ah? Nadie puede. Yo me mato trabajando y no me sobra ni para comprar un combo de *Whopper*.

Carmen: Con eso es suficiente. Lo poquito que le pasas no da para mantener a esos muchachos. Tú te crees que solo con pan y mantequilla se alimentan los hijos.

Víctor: Pago $1,200 de pensión al mes, pago el plan médico de los nenes, pago el colegio católico, que ser católico es gratis, pero su educación que la pague el diablo, le pago la casa y ella vive como una reina y yo, que soy el que me mato trabajando, que soy la víctima, vivo como un tecato. ¡Y ni siquiera puedo deducirlos en la planilla! Y encima, cuando los veo, me los entrega con la ropa sucia.

Carmen: Eso no es culpa de ella, eso es culpa de Acueductos y Alcantarillados que manda el agua turbia y daña la ropa.

Víctor: Y ella no da un tajo. Bueno, los da, pero a mí. Mira esta cicatriz que tengo aquí.

Carmen: Ponte a pagar lo que le debes. Y las cosas se resuelven en el tribunal, no en una grúa o en el programa de Jay Fonseca.

Víctor: El dinero no me da para comer ni para vivir. Hace tres meses que le pedí que me diera el *break*, que la cosa está mala, ¿y sabes lo que me dijo la hija tuya? Que si no le doy chavos, no me va a dejar ver a los hijos míos. Me chantajea con los nenes. La muy sucia no me los quiere dejar ver. Me los secuestró en la cara.

Carmen: Eso te pasa por abusador. Mi pobre nena está sufriendo mucho. Las veces que los nenes estaban contigo, ella ni comía. Cuando ellos regresaban, era como si le volviera el aire.

Víctor: ¡Pobre de mí que nadie me comprende, que nadie me cree!

Carmen: Por esas actitudes de hacerte la víctima es que ella no te deja ver a los hijos. Tú eres un peligro.

Víctor: Me metió preso como un delincuente por no pagar la pensión. Yo le

dije: "Mira, dame un "breakecito" que estoy atrás. ¿Y sabes lo que hizo la bruja esa? Me reportó con ASUME, y una trabajadora social llegó a mi casa con la policía para arrestarme. Estuve tres días preso con todo ese chorro de delincuentes. Si no llega a ser por mi santa madre, que es la única mujer buena que existe sobre esta tierra, que pagó la fianza con un prestamito que hizo, aún estaría preso con esos criminales.
Carmen:      Ahí es que deberías estar ahora mismo y no allá arriba trepa'o. Acaba y baja de ahí, que te puedes matar y todavía no tienes al día el pago del seguro de vida.
Víctor:      Esa hija suya me ha jodido la vida. Ella es una cabrona.
Carmen:      Un momentito. A la hija mía no la llames así.
Víctor:      Yo la llamo como me dé la gana. ¡Es una cabrona!
Carmen:      Y tú eres un borrachón y un pendejo de mierda. ¿A que no te tiras?
Víctor:      Si no me traen a los nenes, me tiro, sí.
Carmen:      ¡Atrévete! Te reto a que te tires. Y hazlo de cabeza, que si te tiras de pie, eres capaz de salvarte.
Víctor:      A mí nadie me tiene que decir lo que tengo que hacer. Yo me tiro cuando me dé la gana.

Carmen: Acaba y tírate. Demuestra que tienes cojones.
Víctor: Cojones tengo, lo que no tengo son ganas.
Carmen: Pues, acaba y baja y no jodas más. Deja de hacerte la víctima.
Víctor: Ya me cansé de las dos.
Carmen: Yo me harté de ti. Te voy a bajar a gaznatá limpia.
*Carmen comienza a treparse en la grúa.*
Víctor: Doña Carmen, no se trepe... me voy a tirar. ¡Dios mío, estas mujeres están locas! ¡Lo que tienen es una persecución conmigo!
Carmen: (*Mientras sube*) Tú lo que eres es un buche y pluma na' má'.
Víctor: (*Se trepa en la baranda amenazando con tirarse.*) Me tiro, me tiro...
Carmen: Tírate, avanza...
Víctor: Me tiro... a la una... a las dos... y a las tres... (*Hace el amague de tirarse, pero no lo hace.*) ¡Auxilio! Esta mujer está loca... Voy a terminar en la Casa Protegida Osvaldo Ríos.
Carmen: No te apures. Te voy a ayudar... ¡para que caigas más rápido!
Víctor: ¡Guardia, haga algo! Esta vieja me quiere matar.
Carmen: (*Ya arriba trata de empujarlo.*) Pero no hagas fuerza. Suéltate.

Víctor: (*Él se agarra de la baranda, lucha como gato boca arriba.*) Está bien, está bien, me bajo solito. ¡Yo solito! Pero, lárguese de aquí.
Carmen: Menos mal que ella se consiguió a un buen hombre, uno de verdad, no como tú.
Víctor: ¿Y esa mujer es tan descarada que ya metió a un tipo en mi casa? ¡Mi casa!
Carmen: Esa no es tu casa, es de nosotras.
Víctor: La que yo pago. Mis pobres hijos tienen que soportar esa humillación. Sabrá Dios si lo metía cuando aún estábamos casados, cuando yo me iba a trabajar. Yo trabaja que te trabaja para llevar harina, huevos y leche a la casa mientras otro tipo se comía el bizcochito de la mujer mía.
Carmen: Ese hombre de Dios lo que vino fue a traerle alegría porque tú, que eres un infeliz, lo que le traías era infelicidad.
Víctor: Es que lo pienso y me entra una rabia por dentro que, si no fuera porque soy un hombre decente, ya hubiera ocurrido una desgracia.
Carmen: ¡Qué bueno que ella se va a ir del país lejos de ti!
Víctor: ¿Cómo que se va del país?
Carmen: Que se va.

Víctor: ¿Para dónde?
Carmen: ¿Y qué te importa a ti para dónde va? Ella no es nada tuyo.
Víctor: Pero los hijos míos, sí. Ella no puede hacer eso. Ella no me los puede secuestrar. Ella necesita de mi permiso. Ahora mismo voy para el tribunal.
Carmen: Ella no necesita nada tuyo. Acaba y págale los chavos que le debes para que pueda sacar los pasajes.
Víctor: ¿Y va a vender la casa?
Carmen: No, la casa va a ser mía, no inventes.
Víctor: ¡Pero qué cojones! ¿Y se va con el tipo ese?
Carmen: Claro que se va con ese buen hombre. Esos niños necesitan de un padre.
Víctor: ¡Ellos ya tienen padre! ¡Yo soy su padre!
Carmen: ¿Ahora eres su padre? ¿Y qué eras cuando pediste hacerte una prueba de paternidad, ah?
Víctor: Porque ese último salió blanquito como un pote de leche, y ella y yo somos negros.
Carmen: Porque mi mamá era irlandesa. Se llamaba *Irish Spring*.
Víctor: Ya no me importa, esos son mis hijos, yo los quiero. Quiero verlos, que estén conmigo. Y no voy a dejar que se los lleve.

Carmen: Estás como loco. Antes buscabas cualquier excusa para no verlos, para no estar en la casa. Sabrá Dios con qué tusa, con qué fleje te pasabas y, luego, ibas a dormir en la camita con las sábanas limpias que mi nena había lavado.
Víctor: Yo no estaba con nadie, estaba trabajando.
Carmen: Tú lo que estás buscando es una excusa para pagar menos de pensión.
Víctor: Debería haber mejores controles. Que las mujeres hagan un desglose de gastos para ver en qué se gastan el dinero de la pensión.
Carmen: Si ustedes, los hombres, fueran responsables, no habría ninguna agencia pendiente del bienestar de los menores.
Víctor: Te voy a decir una cosa...
Carmen: Una cosa te voy a decir a ti... Cuando yo crie a los hijos míos, el pai de ellos se hizo el loco. Se fue para los Estados Unidos y nunca pasó un centavo. Yo tuve que ser la madre y el padre para ellos. Nunca me volví a casar para no meter a un extraño a la casa. Ese desgracia'o no pasó un centavo. Huyó para el carajo.
Víctor: Yo no soy así...
Carmen: Eres peor porque te pones a hacer un *show* público para que Rubén Sánchez te coja pena y te invite a su programa de radio.

Víctor: Lo que pido es verlos, pasar mis dos semanas de vacaciones con ellos. Así que, si el papá de ella fue un irresponsable, no quiere decir que yo lo sea. Ella se cree que los hijos son de su propiedad, que son objetos de colección y no sabe el daño que les hace. El que nuestro matrimonio no haya funcionado no quiere decir que tengan que pagar mis hijos.
Carmen: Te saco los violines.
*Carmen trata de incorporarse, pero resbala y cae al vacío.*
Carmen: ¡Ahhhh!
Víctor: (*Se tapa los ojos.*) ¡Dios mío, se mató, se mató! Ahora me echan la culpa a mí. Tengo que irme de aquí ahora mismo.
*Víctor inicia la bajada. De pronto, ella vuelve y sube. Se había aguantado de la baranda y no había caído al vacío.*
Carmen: ¿Para dónde tú vas? Ayúdame a subir.
Víctor: Pero estas mujeres son como las cucarachas: nunca mueren.
Carmen: Avanza, coño, dame una mano. ¿Tú te crees que yo me voy a morir? Si tú todavía tienes dinero escondí'o.
Víctor: ¿Y en eso es lo que tú piensas? ¿No viste una luz al final del túnel?
Carmen: De una manera u otra, tú vas a bajar de esta grúa.
*Víctor pierde el balance y cae de verdad.*

Víctor:     ¡Aaaaaaahhhhhh!
Carmen:    Pero no así... ¡Dios mío, se mató! Bendito, tan bueno que era. Deja ver cómo me bajo de aquí. ¡Tráiganme a los bomberos...!

*Apagón rápido.*

## Legoman
*Obra ganadora como Mejor Libreto del Proyecto Teatro en 15 en el 2022*

*A mi hijo Daniel Rodez*

*Un cuarto. Un Diego, un preadolescente que juega con unas piezas de Lego. Está taciturno como si ya le pesara la vida. Ha montado varias piezas que parecen modelos de aviones. Busca unas dentro de una maleta. Se escucha la voz de su padre, que lo llama desde afuera.*
Padre: ¿No me vas a buscar? Esta vez estoy bien escondido.
Diego: ¡No! Ya estoy grande para jugar a esconder.
Padre: ¡Ya! ¡El hombre! Te salen dos pelos en la cara y ya no quieres jugar con el viejo.
Diego: No es eso...
Padre: Daleee... Deja eso y búscame.
Diego: Nooo...
*El padre sale de su escondite.*
Padre: ¿Qué te pasa? Últimamente no se puede hablar contigo. Estás de un humor insoportable.
Diego: Déjame en paz.
Padre: ¿Qué te pasa? Cuéntame.
Diego: No me pasa nada.
Padre: Para no pasar nada, es mucho coraje.

Diego: Mira... yo no quiero hablar.
Padre: Entiendo. Pues vamos a quedarnos aquí un rato en silencio. ¿Te parece?
Diego: Mjmm.
*El padre va a tocar uno de los aviones de Lego.*
Diego: ¡No toques eso!
Padre: Entiendo, pero te recuerdo que fui yo el que te los compró.
Diego: Pero son míos. El avión es mío. No quiero que lo toques.
Padre: Bien. Bastantes chavos que gasté en ellos. Los tenías ahí metidos en esta maleta por años y no les hacías caso. (*Pausa.*) ¿Quieres que me vaya?
Diego: No es eso.
Padre: ¿Y qué es?
Diego: No quiero hablar de eso ahora. Después, cuando me calme, te cuento.
Padre: Te dejo tranquilo, entonces.
*El papá va hacia la guitarra, la agarra y toca las cuerdas. Eso llama la atención de Diego.*
Diego: No juegues con eso que me la desafinas.
Padre: Pero ya tú sabes afinarla.
Diego: Sí, pero es mejor si no tengo que afinarla nunca.
Padre: (*Ignorándolo.*) ¿Sabías que cuando yo era chiquito lo único que quería

era aprender a tocar guitarra? Pero, mami no podía pagar las clases. Así que me quedé con las ganas. De haber aprendido, hubiese sido compositor.
Diego: Ya me lo habías dicho.
Padre: Sí, te lo había dicho, es verdad. (*Pausa.*) ¿Cómo te va en tus clases de guitarra?
Diego: No me gustan.
Padre: ¿Cómo que no te gustan?
Diego: No.
Padre: ¿Y eso por qué? Antes te encantaban.
Diego: No soy bueno ya.
Padre: ¿Cómo que no eres bueno ya?
Diego: Porque no tengo talento.
Padre: ¡Claro que tienes talento! Eres buenísimo.
Diego: ¡No lo soy!
Padre: ¿Quién te dijo que no eras bueno? ¿Tu maestro?
Diego: Todos.
Padre: ¿Todos? Pues, no. Eres un chico muy talentoso.
Diego: Tu opinión no cuenta.
Padre: ¿Cómo que no cuenta?
Diego: Porque eres mi papá.
Padre: ¿Y porque soy tu papá ya mi opinión no cuenta?
Diego: No, no cuenta.

Padre: ¿Podrías tocar algo? ¿Cualquier cosa?
Diego: ¿Ahora?
Padre: Sí.
Diego: Hace tiempo que no la toco.
Padre: ¿Y eso por qué?
Diego: Tú eras el que quería que aprendiera. A mí no me interesa.
Padre: (*Desconcertado.*) ¿Y por qué nunca dijiste nada?
Diego: Para que no te molestaras.
Padre: Pero ¿cómo habría de molestarme con la verdad?
Diego: Te veías tan contento que no quería llevarte la contraria.
Padre: Toca algo, cualquier cosa. Dale, complácete al viejo.
*Diego comienza a tocar una de las canciones que aprendió en la escuela. El padre lo mira emocionado.*
Padre: (*Le habla mientras toca.*) Tienes una habilidad tremenda. ¡Qué pena que no te guste! (*Diego deja de tocar abruptamente.*) No, sigue, sigue... (*Diego guarda la guitarra en su estuche.*) Ya no sé cómo más explicarte que si tú aprendieras a tocar bien la guitarra, podrías viajar el mundo entero.
Diego: Yo no quiero viajar el mundo.
Padre: ¿Y eso por qué?

Diego: No. Yo no me pienso montar en un avión nunca.

*Diego agarra uno de los aviones de lego y furioso lo tira contra el piso.*

Padre: Para, para, ¿qué te pasa? ¡Cálmate!

Diego: Déjame quieto.

Padre: ¡Que te tranquilices, te digo! No puedes estar tirando y rompiendo todo cada vez que estés encojona'o.

*El padre comienza a recoger las piezas y Diego comienza a morderse el brazo.*

Padre: ¿Qué tú haces?

*El chico deja de morderse.*

Padre: ¡Déjame ver ese brazo!

Diego: ¡No es nada!

Padre: ¡Déjame ver, coño!

*El chico se lo enseña de mala gana.*

Padre: ¿Desde cuándo te estás mordiendo?

*Diego hace un gesto con los hombros como que no tiene importancia.*

Padre: ¡Ay, chico...! ¿Por qué estás así? ¡Cuéntame! Sabes que puedes contar conmigo.

Diego: No. Ese es el problema, que no puedo contar contigo.

Padre: Tienes que hablarlo con tu madre.

Diego: ¡No!

Padre: Con alguien debes hablarlo. De alguna manera tienes que sacar ese coraje, que no sea mordiéndote. Tienes que canalizarlo de otra forma. (*Pausa.*) Eres como ella, que acumula y acumula y se lo traga. (*Pausa.*) ¿No me vas a contar lo que te pasa?

Diego: Ahora no. Después te cuento.

Padre: ¿Seguro?

Diego: Sí.

Padre: ¿De qué quieres hablar? Porque podemos hablar, ¿no?

Diego: Cuéntame de cuando yo era chiquito.

Padre: ¿En serio? ¿Quieres que te hable de eso ahora?

Diego: Sí.

Padre: ¿De cuando eras el Saltimbanqui?

Diego: Sí.

Padre: Son tantas las anécdotas. Fue un periodo muy lindo de cuando eras bien chiquito. Mira lo grande que ya estás, hasta te cambió la voz. Empecé a escribirlas porque quería que otros padres se involucraran más en la crianza de sus hijos. Quería hacer un libro con todas esas historias.

Diego: Sí, me lo dijiste.

Padre: Y no lo hice. Perdí el tiempo. Ahora me arrepiento. La vida es un parpadeo...

Diego: (*Trata de interrumpirlo.*) Pa...
Padre: Por eso, uno debe hacer esas cosas en el momento...
Diego: (*Insiste.*) Pa...
Padre: ...y no dejarlas para después. La luz de adelante es la que alumbra porque después no se sabe lo que va a ocurrir.
Diego: (*Firme.*) ¡Pa!
Padre: Dime...
Diego: Acaba...
Padre: ¿Que acabe qué?
Diego: Que me cuentes de cuando era niño.
Padre: Ah, sí. Qué mucha mierda yo hablo, ¿verdad?
Diego: Sí. (*Ríen.*) Cuéntame la del sapo.
Padre: ¿La del sapo? Esa fue bien graciosa.
Diego: Sí.
Padre: Pues, recuerdo que esa tarde me gritaste desde el patio: "Papá, hay un sapo". "¿Un sapo?".
Diego: (*Hablando como niño.*) Papá, no se mueve.
Padre: (*Siguiendo el cuento.*) Déjalo quieto que ya mismo se va.
Diego: (Sigue el cuento con el padre.) Papá, no tiene ojos.
Padre: ¿Cómo que no tiene ojos?

Diego: Papá, no tiene boca.
Padre: Déjalo quieto.
Diego: Papá, explotó.
Padre: ¿Cómo que explotó? ¿Qué hiciste? Salí corriendo y cuando llegué: Diego, eso no es un sapo. (*Dicen al unísono.*) ¡Es un aguacate podrido! (*Ríen.*)
Padre: A la verdad que me morí de la risa y de ternura.

*El padre se percata de que en la maleta hay algo oculto.*

Padre: ¿Y esto?
Diego: ¿Qué?
Padre: Esto que tienes ahí.
Diego: Nada, nada...
Padre: ¿Cómo que nada?
Diego: ...
Padre: Dámelo.
Diego: ¿Para qué?
Padre: (*Gritándole.*) ¡Que me lo des, te digo!

*Diego se lo entrega resignado.*

Padre: ¿Para qué tú quieres esta navaja?
Diego: Nada, olvídalo.
Padre: Pero ¿cómo lo voy a olvidar?
Diego: Es por si viene un pillo o algo.
Padre: ¿Un pillo?
Diego: Sí, un pillo.
Padre: ¿Fue que alguien se metió en tu casa?

Diego:  No.
Padre:  ¿Y entonces?
Diego:  Por si se mete.
Padre:  Nadie se va a meter.
Diego:  ¡Tú no sabes!
Padre:  Es cierto. No sé. Pero tu casa es bastante segura. Además, ¿qué pensabas hacer con esta cuchilla si se mete alguien?
Diego:  Espetársela.
Padre:  ¿Ajá? ¿Y si tiene una pistola?
Diego:  Se la tiro.
Padre:  Sí, claro. La mierda es lo que le puedes tirar, por la cagaera que te va a dar de verlo.

*Diego se ríe.*

Padre:  Dime la verdad. ¿Para qué tú querías esa cuchilla? Es mejor que hables. De esta no te zafas.
Diego:  La encontré en tu mesita de noche.
Padre:  Sí, porque esta fue la que se usó como utilería para la obra *El arcángel de los perros*.
Diego:  Tú la tenías ahí y no pasaba nada. Yo la tengo y me peleas.
Padre:  No es que te pelee, es que esto me preocupa .
Diego:  No tienes que preocuparte.
Padre:  ¡Claro que me preocupo! ¿Has pensado cortarte?
Diego:  ...

Padre: Dime, no me ocultes una cosa como esta.
Diego: Sí, pero no lo he hecho.
Padre: ¿Estás seguro?
Diego: Sí.
Padre: ¿Así que has pensado en hacerte daño?

*Diego baja la cabeza, apenado.*

Padre: ¿Desde cuándo lo tienes planeado?
Diego: Tú sabes...
Padre: No, no lo sé.
Diego: Hace tiempo.
Padre: ¿Hace tiempo?
Diego: Sí. Es que me vienen esos pensamientos.
Padre: ¿Qué pensamientos?
Diego: Olvídalo. No es nada.
Padre: ¿Qué pensamientos?
Diego: Que no sirvo para nada. Que nada tiene sentido.
Padre: Pero ¿cómo puedes decir eso? Eres un chico estupendo. ¿Qué ha pasado contigo? ¿Por qué esa baja autoestima si tú has tenido una infancia increíble? Cuando eras chiquito, una de las características que te definía era que eras un niño feliz.
Diego: ¡Ya no lo soy!
Padre: ¿Piensas que cortándote es la respuesta? ¿Sabías que tan pronto te cortes hay que internarte en un hospital y

te van a tratar con todo tipo de drogas y de terapias? ¿Cómo tú crees que será tu vida tan pronto cruces esa línea?

Diego: Ya te dije que no lo pienso hacer.

Padre: Además de morderte, ¿cómo haces para bajar esa ansiedad? Porque es como ansiedad, ¿no?

Diego: Escribo en cualquier papelito que encuentre: Mañana será un buen día.

Padre: ¿Y tu madre sabe todo esto?

Diego: *Nope.* Y no se lo pienso decir porque se preocupa.

Padre: Tienes que decírselo.

Diego: No te preocupes por mí. Yo estoy bien.

Padre: ¿Cómo no me voy a preocupar por ti? Si tú eres lo más importante en mi vida.

Diego: (*Sarcástico.*) Sí, claro.

Padre: ¿Cómo vas a dudar de mi cariño? La única razón por la que estoy aquí es por ti.

Diego: Ya no nos vemos como antes.

Padre: Es que se me hace cada vez más difícil venir. De hecho, creo que ya no debo seguir viniendo más. Tengo que seguir mi camino. No puedo seguir estancado aquí. Y tú tienes que seguir el tuyo. Y mientras siga viniendo, nunca vas a superar esto que nos ha pasado.

Diego: ¿Otra vez me abandonas?
Padre: Es lo mejor. Tienes que dejarme ir.
Diego: No es justo.
Padre: No, no lo es. Pero crecerás y te convertirás en un hombre de bien.
Diego: No quiero crecer nunca. Odio mi vida.
Padre: No puedes odiar tu vida. El que me vaya no tiene nada que ver contigo.
Diego: ¿Por qué tenías que morir?
Padre: Lamento tanto tener que irme. Me hubiese encantado verte crecer, verte convertido en un hombre. Pero lo que te tenía que enseñar, ya te lo enseñé. Confío en ti. Sé un hombre honrado y...
Diego: (*Lo agarra.*) No te vayas.
Padre: (*Va y empieza a armar piezas y Diego lo imita.*) Yo no quiero irme, pero es lo mejor para ambos.
Diego: No es justo, no es justo...
Padre: No, no lo es.
Diego: No te lo perdono, no te perdonaré nunca. No tenías derecho a morirte. Ahora estoy muy triste y no sé qué hacer con esta tristeza que tengo en el pecho y en los ojos. ¿Por qué tenías que morir? ¿Por qué ahora? Ahora que es cuando más falta me haces, cuando más te necesito. Nunca te perdonaré. Nunca perdonaré que te montaras en esa avioneta hacia Vieques y te estrellaras. Lo único que

encontraron fueron pedazos. Pedacitos de ti, ni siquiera te encontraron completo. Por eso armo los Lego, para por lo menos tener la ilusión de que te puedo armar completo. Maldita sea mi vida y maldita sea esta tristeza que no se me va.

*Diego comienza a romper todas las piezas de los aviones. El padre solo lo mira compasivo.*

Padre: ¿Qué te parece si te ayudo a armar las piezas? A lo mejor logramos armar algo que te recuerde a mí y que te ayude a no estar tan triste.

*Ambos recogen las piezas del piso. El padre canta una canción de cuna. De pronto, Diego lo abraza.*

*Apagón lento.*

**Para mirar no se necesita pedir permiso**

*A Milca Álamo*

Uno.

Del hospital al balcón.
*En un hospital. Cristian, de 36 años, tiene un vendaje en la cabeza y suero en el brazo. Lo acompaña Zoé, de 39 años. Cristian despierta abruptamente, desorientado.*
Zoé: Ya veo que no te vas a morir.
Cristian: Eso espero.
Zoé: Dime que tienes plan médico.
Cristian: Lo tengo en casa.
Zoé: Qué alivio saberlo. Porque yo no tengo con qué pagar.
Cristian: ¿Por qué me atacaste?
Zoé: Yo no te ataqué. Bueno, sí te ataqué porque me asusté.
Cristian: Para la próxima, asústate menos.
Zoé: No habrá una próxima vez.
Cristian: Sí, la habrá.
Zoé: Bueno, por lo menos ya estás consciente…
Cristian: A duras penas.
Zoé: Te dejo.
Cristian: ¿Me vas a dejar aquí solito?
Zoé: Ya estás bien.

Cristian: No, no lo estoy.
Zoé: A mí me lo parece.
Cristian: Tuviste suerte.
Zoé: ¿De qué?
Cristian: De que no vi venir ese movimiento tuyo de *break dance*.
Zoé: (*Se ríe.*) No es *break dance*.
Cristian: ¿No? ¿Y qué es?
Zoé: Capoeira.
Cristian: Con razón.
Zoé: ¿Con razón qué?
Cristian: Que eres karateca.
Zoé: Noo. Nada que ver. Eso es un baile brasileño.
Cristian: Pude haber muerto.
Zoé: Ay, por favor. Eres un chango.
Cristian: Ningún chango.
Zoé: ¿Qué tú hacías en casa?
Cristian: Quería disculparme contigo.
Zoé: ¿Disculparte?
Cristian: Sí, disculparme.
Zoé: Pero si yo ni te conozco. A todo esto, ¿quién eres tú?
Cristian: Tu vecino del frente.
Zoé: Mi vecino del frente es un viejito.
Cristian: Vecino del edificio del frente.
Zoé: ¿Y qué carajos estabas haciendo en mi casa? ¿Qué, tú eres de los del censo?

Cristian: No, nada que ver. ¿Qué, tú odias a los del censo?
Zoé: No.
Cristian: ¿No te gusta que te cuenten?
Zoé: No es eso. Pensé que eras un pillo o un violador o algo así.
Cristian: Quería decirte en persona que te veo bailar todas las noches en tu balcón y...
Zoé: Pues, debiste empezar por ahí.
Cristian: Lo intenté, pero estaba en el piso inconsciente.
Zoé: No me gusta que me liguen, me hace sentir incómoda.
Cristian: Yo no te estaba ligando.
Zoé: Tú me tienes cara de *stalker*.
Cristian: ¿Siempre atacas a las personas que te miran?
Zoé: Solo a los que se me aparecen en casa vestidos de ninjas rancheros.
Cristian: Ya veo. Y te aclaro que yo no estaba vestido de ningún ninja ranchero. Era lo que tenía disponible para protegerme del virus.
Zoé: Sabes... debo irme.
Cristian: ¿Ya?
Zoé: Sí.
Cristian: ¿Y me vas a dejar aquí desamparado?

Zoé: Ya estás bien. No tienes nada grave.
Cristian: ¿Y si tengo un coágulo alojado en mi cabeza?
Zoé: No tienes nada.
Cristian: ¿Ahora eres enfermera?
Zoé: Ya quisieras tú. Pues, no se te ha virado la boca. Se entiende perfectamente todo lo que dices, lamentablemente. Además, ya te leyeron las placas y tienes el coco muy duro.
Cristian: ¿Y cómo sabes eso? La Ley HIPPA...
Zoé: Les dije que era tu esposa.
Cristian: ¿Y te creyeron?
Zoé: Claro que me creyeron. ¿Qué te crees? Bueno, me voy.
Cristian: ¿Cuál es la prisa?
Zoé: Tengo cosas que hacer.
Cristian: ¿Qué cosas, si estamos todos encerrados?
Zoé: Cosas. No tengo que darte explicaciones ni mucho menos pedirte permiso.
Cristian: Quédate un rato. Me lo debes.
Zoé: Yo no te debo nada. Con traerte aquí fue suficiente. Es más, creo que demasiado.
Cristian: Sabes que puedo demandarte por esto, ¿verdad?

Zoé: ¡Ay, por favor! ¿Por traerte aquí? ¿Por hacerme pasar por tu esposa?
Cristian: Por atacarme.
Zoé: Ningún guardia te va a creer.
Cristian: Si no me hubieses golpeado de esa forma tan salvaje que lo hiciste, yo no estaría aquí. Tú eres un arma blanca.
Zoé: Déjate de mierda, que solo fue una patadita. Fue por la forma en que te caíste, *flat* hacia atrás. Fue tu culpa por no saber caerte.
Cristian: No pierdes una.
Zoé: No. Además, no quiero estar más tiempo en este hospital. No vaya a ser que se me pegue la mierda esa del virus.
Cristian: Pero sí está bien que se me pegue a mí.
Zoé: No te va a pasar nada, deja el *show*.
Cristian: ¿Ahora eres del *task force* que lo sabe todo?
Zoé: Bueno, está bien. Me voy a quedar un ratito, pero es solo por pena.
Cristian: ¿Pena?
Zoé: Sí, siento un poco de pena. Mínima.
Cristian: Por lo menos tienes algo de humana.
Zoé: ¿Desde cuándo tú me ligas?
Cristian: No es ligar si tú te estás mostrando.

Zoé: ¿Ahora es culpa mía? Siempre la culpa es de las mujeres.

Cristian: Deja tú el *show*, sabes a lo que me refiero.

Zoé: No, no lo sé. Explícamelo.

Cristian: En este encierro, no tenía mucho que hacer, como cogía el sueño tarde, pues, me iba al balcón.

Zoé: ¿Y por qué no te ponías a ver una película o algo?

Cristian: Porque no tengo televisor.

Zoé: ¿Cómo que no tienes televisor? Todo el mundo tiene un televisor.

Cristian: Pues, yo no.

Zoé: ¿Y qué eres, un amish o algo así?

Cristian: No. No lo necesito. Veo todo lo que quiero en el celular.

Zoé: Entiendo.

Cristian: Soy minimalista.

Zoé: O sea, maceta.

Cristian: Ningún maceta. Compro solo lo que necesito.

Zoé: Por eso, maceta.

Cristian: *Whatever*. En fin, yo no me paso ligando a los vecinos. Yo respeto la privacidad de la gente.

Zoé: Sí, claro.

Cristian: Te explico, como soy muy eficiente y disciplinado en mi trabajo…

Zoé: ¿En qué trabajas?

Cristian: Soy oficinista II en el CESCO de Carolina.
Zoé: Déjate de embustes...
Cristian: Te digo la verdad.
Zoé: Si trabajas para el gobierno, no eres ni disciplinado ni eficiente.
Cristian: Deja el prejuicio.
Zoé: Su reputación los precede.
Cristian: El asunto es que solía quedarme hasta bien tarde después de mi hora de salida, organizando papeles y otras tareas.
Zoé: Eso no te lo cree ni tu madre.
Cristian: Sí, yo sé que es difícil de creer que alguien se quede más allá de su turno en el gobierno, pero no te miento.
Zoé: O sea, ¿que ahora eres el niño símbolo del CESCO?
Cristian: No jodas con eso. Te digo más, ¿conoces la aplicación del CESCO Digital?
Zoé: Sí.
Cristian: Pues esa idea se me ocurrió a mí.
Zoé: No, si ahora eres Mark Zuckerberg.
Cristian: Lo que pasa es que, en las agencias del gobierno, los secretarios se llevan todo el crédito. Pero eso era lo que estaba tratando de decirte.
Zoé: Claro que sí, estás fronteando conmigo.

Cristian: El asunto es que estaba tratando de llegar bien tarde a casa, lo suficientemente cansado como para cocinarme algo ligero y terminar viendo alguna película idiota para dormirme rápido.
Zoé: En el televisor invisible.
Cristian: En el celular.
Zoé: Tú tienes una vida ridículamente rutinaria y aburrida.
Cristian: Esa es la idea. Tener una vida sin complicaciones. Te digo todo esto porque nunca salgo al balcón. ¡Qué voy a saber yo de quienes viven en el edificio del frente!
Zoé: Así que eres un *loner*.
Cristian: Eso suena como un *loser*.
Zoé: ¡Exacto!
Cristian: No a todo el mundo le interesa estar en movimiento constante. Hay algunos que nos gusta la tranquilidad.
Zoé: Entendí. Que no tienes vida social.
Cristian: Ahora mismo, nadie la tiene.
Zoé: Antes de...
Cristian: No siempre fui así de sedentario. Apenas sobreviví a la ruptura de la novia con quien me iba a casar.
Zoé: (*Sarcástica.*) Ay bendito, el más vulnerable.
Cristian: No me gusta hablar de esto con mis amigos porque, de alguna manera

comentarles sobre... deja ver cómo te lo digo sin que suene tan pendejo...

Zoé: Fragilidad emocional.

Cristian: Eso mismo... como quiera se oye pendejo, ¿verdad?

Zoé: Uhum. Porque eso lacera esa construcción de macho de pelo en pecho y rascadera de güebos que tienes que proyectar delante de tus amigos todo el tiempo.

Cristian: Por eso me aislé.

Zoé: Las separaciones amorosas joden.

Cristian: Nada, que no quiero desviarme hablando del pasado, ya que parte del proceso de sanación lo hago a través del *mindfullness*, concentrándome únicamente en lo que tengo de frente, en vivir el presente. Si el dolor llega, lo dejo pasar.

Zoé: ¿Y te ha funcionado?

Cristian: No. Me estoy creando un campo de fuerza en el que me juré que no me involucraría emocionalmente con otra mujer hasta que me recupere por completo.

Zoé: ¿Y cuánto va de eso?

Cristian: Dos años.

Zoé: ¿Dos años? Carajo, ¿y no te parece que ya es hora de que lo superes?

Cristian: Supongo. Por eso alquilé ese apartamentito con ese balcón minúsculo que el único paisaje que tiene es el edificio de al frente donde vives tú.

Zoé: Y yo pasé a ser parte de tu entretenimiento. ¿Te compraste unos binoculares?

Cristian: Yo no sabía de tu existencia. (Pausa.) El encierro alteró todo porque me tuve que quedar día y noche en casa. Eso alteró mi reloj biológico. Me la pasaba despierto de noche y dormía de día. Estaba harto del encierro. Ya me estaba afectando.

Zoé: Le está afectando a todo el mundo.

Cristian: Una noche como a las doce, encontré un vino que tenía guardado en el gabinete producto de un regalo de un intercambio de papelitos de hace dos navidades.

Zoé: Añejado.

Cristian: Es que casi no bebo. Como no tenía copas...

Zoé: ¿No me digas que ella se las llevó?

Cristian: Uhum. Yo no iba a comprar otras. Pues, me serví en una taza de café. ¿Tú nunca has bebido vino en tazas?

Zoé: No, a mí no me han dejado, yo dejo. Y en las tazas de café, bebo café como hacen los seres humanos. Cuando seas uno, sabrás.

Cristian: Pues, me senté a esa hora en el balcón como si fuera un ser humano. Y a esa hora, todo tu edificio estaba apagado, excepto tu balcón. Y ahí fue que te vi danzando por primera vez.

Zoé: Bueno, es suficiente. Me voy.

Cristian: Pero, espérate, déjame contarte qué fue lo que pasó.

Zoé: No es necesario. *Bye.*

Cristian: Dime tu nombre por lo menos.

Zoé: Averígualo.

Cristian: ¿Cómo?

Zoé: ¿Tú no trabajas en CESCO? ¿Acaso no te inventaste una aplicación digital?

Cristian: ¿Eso es una invitación a que te investigue si tienes multas?

Zoé: No inventes.

Cristian: Bueno, pues nos veremos en otra ocasión.

Zoé: No creo.

Cristian: ¿Ya no vas a bailar en el balcón para mí?

Zoé: ¿Pero tú estás loco? Sí, el golpe te rompió el coco.

Cristian: Pero ¿por qué?

Zoé: ¿Cómo que por qué?

Cristian: Sí, ¿por qué no?

Zoé: ¿Cómo me voy a poner a bailar, a mover mis manos, a saber dónde tú pones las tuyas cuando lo hago?

Cristian: Yo no me masturbo mirándote.

Zoé: Ah, eso yo no lo sé.
Cristian: Tú no estás tan buena.
Zoé: Típico de los hombres. Madura.
Cristian: Tú empezaste, yo solo me defendí.
Zoé: Ay, mira, *bye*.

*Sale Zoé. Cristian mira hacia la salida sin hacer nada esperando que ella regrese. Pero como no regresa, se resigna.*

Cristian: A mala hora se fue. Ahora que tengo ganas de ir al baño. A ver cómo llego.

*Camina hacia el baño. Zoé regresa.*

Cristian: Yo sabía que no te podrías resistir a mi personalidad magnética.
Zoé: No me hagas reír. De irresistible ni un pelo.
Cristian: ¿Y por qué volviste? ¿Qué se te quedó?
Zoé: Contéstame algo.
Cristian: Primero, ayúdame a ir al baño.
Zoé: Tú puedes solito.
Cristian: Una ayuda no se le niega a nadie.
Zoé: Yo no te pienso limpiar el culo.
Cristian: ¿No?
Zoé: Jamás.
Cristian: Lo que quiero es mear.

Zoé: ¿Y qué tú quieres que haga, que te lo saque?
Cristian: Para empezar, estaría bien.
Zoé: ¡Vete al carajo!
*Cristian se mete al baño. Le habla desde allá.*
Cristian: Acaba y pregunta.
Zoé: Bueno, ya que no nos vamos a ver más...
Cristian: Eso lo dejaste bastante claro y mírate ahí. Ayúdame.
Zoé: Te diste en la cabeza, las manos las tienes de lo más bien.
Cristian: Es difícil con el suero puesto.
Zoé: De todo lo que me dijiste no explicaste algo, ¿por qué fuiste hasta mi casa?
Cristian: ¿Cómo?
Zoé: ¿A qué fuiste a mi casa? ¿Por qué te arriesgaste a salir?
*Sale Cristian del baño.*
Cristian: ¿De verdad quieres saber?
Zoé: Sí... ¿te lavaste las manos?
Cristian: Estaba limpio.
Zoé: No seas puerco.
Cristian: Dame un momento.
*Vuelve y entra. Desde dentro.*
Cristian: Todas las noches, a la misma hora, salías al balcón a bailar. Yo me sentaba a ver tu recital. Nunca he entendido por qué lo llaman recital si no se recita nada.

Zoé: ¡Sigue…!
Cristian: Hubo una noche en que danzaste como nunca, qué proeza, qué perfección de movimiento… te juro que parecías que flotabas en el aire. Entonces, te inclinaste como para saludar, y como un resorte de reloj, me levanté a aplaudirte efusivamente.
Zoé: ¿Fuiste tú? Ya sé quién eres. Cuando oí el aplauso, me pasmé y traté de identificar de dónde venía, pero no veía porque estaba todo oscuro. No fue hasta que prendiste la lucecita del celular que te vi.
Cristian: Me hiciste un gesto tímido con la mano.
Zoé: Claro, si me pasmé. Recuerdo que entré, cerré y apagué la luz.
Cristian: Esa noche no pude dormir de la emoción.
Zoé: Pues claro, con esta jevota, se impacta cualquiera.
Cristian: No es por eso, bájale dos al ego. Me refiero a que por fin sabías de mí, que ahora tenías público.
Zoé: Pues la verdad es que no. No le di más importancia a eso.
Cristian: Tú sí que sabes bajarle la nota a cualquiera.
Zoé: Es que eres tan predecible.
Cristian: Si soy tan predecible, dime qué más hice.

Zoé: ¿A que estabas fantaseando que estaba creando una coreografía solo para ti?
Cristian: Y también que te estaba haciendo un vestuario.
Zoé: De lentejuelas.
Cristian: De esos que usan las cantantes para brillar con la luz.
Zoé: ¿A que te sentaste a esperar a que fueran las doce?
Cristian: Y esperé y esperé y esperé… ¿Me estabas espiando?
Zoé: Y como no salí, no pudiste dormir por la preocupación.
Cristian: Pensé que algo te había pasado.
Zoé: Que me había doblado el tobillo, tal vez…
Cristian: Imaginaba que la próxima noche estarías bien.
Zoé: O que estaba tratando de crear algún tipo de expectación.
Cristian: O que esa coreografía nueva que estabas ensayando no estaba completada, que querías botarte. No es lo mismo hacer algo pensando que nadie te va a ver, a tener que hacerlo sabiendo que te van a ver.
Zoé: Porque no es posible que una mujer tan disciplinada como yo faltase dos noches corridas a su presentación.

Cristian: Imaginé, mal imaginado por supuesto, que eras tímida y que al ver que tenías un fanático…
Zoé: Y al otro día a las doce…
Cristian: Ni a la una… ni a las dos… Lo que hice fue mirarme, ya que me había dado la misma sensación, el mismo desasosiego que me había dado con Yaima Marie.
Zoé: ¿Tu ex?
Cristian: Sí. Fue como una regresión, como si el mundo se me virara al revés otra vez.
Zoé: (*Pausa.*) Sigues sin decirme por qué fuiste a mi apartamento. Das más vueltas que Nijinsky.
Cristian: Sentí la necesidad de hablarte, de disculparme si fuera necesario, pero de cualquier forma debías volver a bailar en tu balcón.
Zoé: Tú te haces unas películas en la cabeza que ni Marvel…
Cristian: Me puse mi poncho boliviano, los guantes amarillos de fregar, unas gafas de sol con lentes polarizados...
Zoé: De algún regalo de cumpleaños no entregado a la ex.
Cristian: Y un pañuelo doblado como mascarilla.
Zoé: Como habías aprendido a hacer en algún tutorial de esos que circulan en las redes.

Cristian: Así mismo.
Zoé: ¿Y cómo entraste a mi edificio?
Cristian: Esperé pacientemente a que saliera alguna doñita y me metí. Siempre fui bueno en geometría, así que hice un cálculo de cuál podría ser tu apartamento y me arriesgué. Toqué.
Zoé: Y cuando abrí la puerta, entré en pánico.
Cristian: Y aquí estamos los dos, juntitos en el hospital, con un suero y un chichón.
Zoé: (*Luego de un tenso silencio.*) Bueno, saciada mi curiosidad. Suerte en la vida.
Cristian: ¿Y tú no me vas a decir por qué fue que dejaste de bailar en el balcón?
Zoé: No.
Cristian: ¿Yo que te abrí mi alma y así me pagas?
Zoé: Bueno. Trata de no quedarte dormido, y si vomitas, estás jodido, es un coágulo. *Bye*.
Cristian: *Bye*.
*Zoé sale. Cristian va a sentarse. Ella regresa. Desde la puerta.*
Zoé: Zoé.
Cristian: ¿Cómo?
Zoé: Que me llamo Zoé.
Cristian: Yo soy...
Zoé: Cristian.

Cristian: ¿Cómo supiste?
Zoé: (*Divertida.*) Soy tu esposa, ¿ya lo olvidaste?
*Sale.*
Cristian: ¿Mi esposa? ¿Yo me casé con esa loca?

## Dos.

*El cuarto del hospital se convierte en el apartamento de Cristian. Este se sienta en el sofá con dificultad. De pronto, un reflejo de luz, como de una linterna, se proyecta en su pared. Se asoma en dirección de donde nace la luz. Y allí ve a Zoé con una cartulina escrita con* sharpie *que lee: 'En lo que dura la cuarentena'. Y comienza a bailar.*

*Apagón lento.*

**El ventilador**

*A Héctor Pepo Escudero y a Mariana Monclova*

*Luz blanca intensa. Se escucha un sonido como de un acondicionador de aire. A los lejos, casi imperceptible un "beep". Entra Rodiz, dramaturgo y director teatral, con una calma pasmosa. Trae consigo una caja. Mira el lugar con detenimiento. Se sienta en un sofá pequeño blanco. Todo el escenario está pintado de blanco.*
Rodiz: Mariana... entra.
*Mariana entra a escena. Mira a Rodiz a la espera de instrucciones.*
Rodiz: Mariana, camina en recta hacia el frente. Te detienes en el borde del escenario y te quedas mirando por la ventana a lo lejos.
*Mariana camina hacia el frente del escenario.*
Rodiz: Héctor... entra ahora.
*Héctor entra a escena. Mira a Rodiz a la espera de instrucciones.*
Rodiz: Toma, dale este plato de comida.
*Rodiz saca de la caja un plato de comida y se lo entrega a Héctor. Héctor se lo lleva a Mariana.*
Héctor: Aquí tienes.
Mariana: ¿Y esto?

Héctor: Una sopita de lata que tenía escondida.
Mariana: ¿Tú escondías comida?
Héctor: Sí.
Mariana: ¿Y por qué no me habías dicho nada?
Héctor: Porque la tenía guardada para una emergencia extrema.
Mariana: Y llegamos a la emergencia extrema.
Héctor: *Yeap*.
Mariana: Yo no comía sopa de lata desde... la verdad es que nunca he comido sopas de lata.
Héctor: No está mal.
Rodiz: Pausa. Respiren. Piensen en su situación actual. Que eso se refleje en sus actitudes. Dejen que sus cuerpos hablen.
Mariana: ¿Ya tú comiste?
Héctor: Un poco. No tenía mucha hambre.
*Mariana come.*
Mariana: Deberíamos grabarnos comiendo.
Héctor: No.
Mariana: ¿No? ¿Pero te gustaba la atención?
Héctor: Me sigue gustando. Pero en esto no. Esto es algo íntimo.
Mariana: ¿No te pagaron el último anuncio que hiciste?

Héctor: La agencia de publicidad se fue a quiebra.
Mariana: ¿Cuántos chavos nos quedan?
Héctor: Descontando el paquete de huevos y las galletas Export Sodas que compré: $3.76.
Mariana: Diablo, qué patético.
Rodiz: Esa es justamente la trama, una situación patética entre una pareja joven de actores ante la incertidumbre de no saber lo que pasará, de no tener dinero ni trabajo durante ni después de la pandemia.
Mariana: Ni que esta trama la hubiese escrito Pedro Rodiz.
Héctor: No, si él la hubiese escrito, nos pondría a hacer otras cosas.
Mariana: ¿Cómo qué?
Héctor: Algo morboso como, por ejemplo, que te dio la pendejá esa del coronavirus porque te negaste a vacunarte y que decidiste morirte aquí en la casa.
Rodiz: Mariana, usa el sarcasmo. Eso se te da bien.
Mariana: ¿Y por qué me tengo que morir yo? ¿Por qué no te pone a morirte a ti?
Héctor: Porque él es así. A mí me podría dejar sano.
Mariana: ¿O sea que tú vivirías y yo no?

Rodiz: Exacto. Alguien se tiene que morir en una pandemia.

Héctor: Algo así.

Mariana: ¿Yo me muero y tú te quedas cuidándome, haciéndome las últimas sopitas de lata? ¡Qué cojones! ¿Por qué tú crees que él me pondría a morir a mí aquí y no en el hospital?

Rodiz: Porque eso sería una salida fácil.

Mariana: Es que, si a mí me da un dolor de cabeza con una tos seca de perro, yo me meto allí en emergencias y me atienden porque me atienden.

Héctor: Él no escribe con más de dos personajes porque después no tiene chavos para montarla.

Mariana: Pero si ya no hay teatro, ¿qué más da?

Héctor: ¡Qué sé yo! Él es raro.

Rodiz: (*Ríe.*) ¿Tú crees?

Mariana: Él como que se tostó, ¿verdad?

Rodiz: Eso dicen.

Héctor: Pero escribe obras... distintas, eso se lo concedo.

Mariana: Como la del prostíbulo de perros...

Héctor: Exacto.

Rodiz: Pausa. Respira, convéncela.

Héctor: Pero eso sería un buen tema, fíjate.

Mariana: ¿Cuál? ¿El que yo me enferme y no quiera ir al hospital y quiera morirme aquí?
Héctor: Sí.
Mariana: ¿En este momento?
Héctor: Sí. ¿No te gusta la idea?
Mariana: ¿Tú crees que escriba una obra triste en medio de esta pandemia? No se atrevería.
Rodiz: Son tiempos tristes.
Héctor: De que lo haría, lo haría.
Mariana: ¿Sabes cómo está?
Rodiz: No estoy bien.
Héctor: Debe estar bien.
Mariana: ¿Pero hablaste con él? ¿Lo llamaste?
Rodiz: Nadie me llama.
Héctor: ¿Para qué lo voy a llamar? Ahora mismo debe de estar escribiendo una obra de teatro sobre nosotros dos.
Mariana: ¿Tú te imaginas? Nosotros como personajes y que te ponga a decir una cursilería como...
*Mariana y Rodiz dicen la línea a la misma vez.*
Rodiz y Mariana: "No entiendo por qué no quisiste que te llevara al hospital".
Rodiz: "No quiero contagiar a nadie...".
Héctor: *(Termina la línea de Rodiz.)* "...no hay suficientes ventiladores".
Mariana: "Estoy cansada de luchar".

Héctor: "Mientras hay vida, hay esperanza".
Rodiz: Quita esa línea. Es una línea ridícula, busca otra.
Héctor: "Lucha. No te puedes rendir".
Rodiz: Esa es peor. Sigue buscando.
Mariana: "Si me voy a joder, que sea aquí". (*Tose.*)
Héctor: "No es justo que tú te enfermaras y yo no".
Rodiz: (*Para sí.*) ¿Pero y este melodrama intragable? Luego lo limpio. (*A Héctor.*) Vete por otra ruta.
Héctor: "¿Qué va a pasar con nuestros hijos?"
Rodiz: Me gusta eso. Mira ver hasta dónde te lleva.
*Mariana rompe la actuación.*
Mariana: ¿Ah, por qué tendríamos hijos?
Héctor: Pues claro, él ahora escribe de temas familiares.
Mariana: Veo. (*Retoma la actuación.*) "Alguien se tiene que quedar criando a nuestros hijos".
Héctor: "Estarían mejor contigo nuestros siete hijos".
*Mariana se sale de personaje.*
Mariana: Espérate, ¿siete hijos? ¿Quién te crees que soy, una perra?
Rodiz: Sí, *too much*. Uno entonces.

Mariana: Pero ¿y esa fijación que tiene con los perros? Explícame.
Rodiz: (*Regañándola.*) ¡Sigue!
Mariana: (*Retoma.*) "Tú lo vas a hacer bien".
Héctor: "No voy a saber qué hacer".
Mariana: "Estarán bien. Sabes esconder sopas para las emergencias". (*Rompiendo.*) Yo no me quiero morir. ¿Y si me curo en la obra?
Rodiz: No te puedes curar.
Mariana: No a todo el que le da esa mierda se muere.
Héctor: De seguro te curas.
Rodiz: No, porque no tendríamos obra. No pueden hacer lo que les dé la gana.
Héctor: Es que si te mueres te van a decir allá: "Mierda es, a esta mujer yo no la quiero acá, jode mucho".
Mariana: ¿Yo jodo mucho? ¿Yo sola? ¿Tú no?
Héctor: No, yo soy un santo varón.
Mariana: Un santo cabrón es lo que eres.
Rodiz: Yo no quiero hacer una comedia. Déjenme coger un poco de aire para pensar en cómo resolverlo.
Mariana: Yo no creo que él escribiría algo así.
Rodiz: ¿Y ahora me van a decir sobre qué debo escribir? ¡Qué cojones!

Héctor: ¿Por qué no?
Mariana: La gente no quiere pensar en que se va a morir o que no va a tener un respirador. ¿Tú conoces a alguien que se haya muerto de esto?
Héctor: Yo no conozco a nadie. Yo creo que esto es una cogida de pendejo a todo el mundo, una excusa para encerrarnos.
Rodiz: Hay gente en los ventiladores ahora mismo.
Mariana: La gente está harta. Nadie quiere saber de estas cosas ahora mismo. La gente lo que quiere es irse a las playas.
Rodiz: Se trancó la trama, debo distanciarme; dejen que respire.
Mariana: Entre las cosas que tienes escondidas, ¿no tendrás un cigarrillito por ahí?
Héctor: Aquí no se fuma. Y menos ahora que debemos tener los pulmones sanos.
Rodiz: Necesito aire. No estoy pensando con claridad. Se me escapan las ideas.
Mariana: ¿Tú crees que salgamos de esta?
Héctor: Seguro que sí. No nos va a pasar nada, ya tú verás. Ya van a empezar a abrir todo.
Mariana: ¿Y si viene una segunda ola?
Héctor: Surfeamos.

Mariana: ¡Qué estúpido! (*Ríe.*) (*Transición.*) Y el teatro, ¿tú crees que volvamos a hacer teatro?
Héctor: Seguro.
Rodiz: Siempre se hará teatro, pero tardará.
Héctor: Si nos enfermáramos los dos, y hubiese más que un solo respirador, yo te lo daría.
Rodiz: No quiero seguir pensando en esto. Voy a descansar la idea.
Mariana: Si eso pasara, y hubiese un solo respirador, yo te lo daría.
Héctor: Yo no te dejaría.
Mariana: Es que yo me lo quito y te entubo, aunque sea por el culo. Eso no es lo que tú quieras.
Rodiz: Paren de hablar... basta, silencio. Déjenme respirar un poco.
Mariana: Tanto *show* y los hospitales vacíos.
Héctor: ¿Y qué tú querías, que se hubiese enfermado todo el mundo?
Mariana: No es eso... tú me entiendes.
Héctor: No, no te entiendo.
Mariana: Quiero que esta mierda acabe. Quiero salir de aquí, trabajar en lo que aparezca. Encabronarme con el gobierno...
Héctor: Ya estás encabronada con el gobierno.
Rodiz: Debo pensar en un final digno.

*Mariana empieza a toser.*
Héctor: No me digas que…
Mariana: Nooo, fue que me ahogué con la sopa…
Héctor: Aaah…
*Rodiz comienza a tener dificultades para respirar. Mariana y Héctor se miran. Van donde está Rodiz, lo ayudan a acostarse. Rodiz comienza a mover los dedos como si estuviera escribiendo acotaciones en una computadora.*
Héctor: (*A Rodiz.*) Tienes que soltarnos…
Mariana: (*A Rodiz.*) Aunque la trama quede inconclusa, no puedes seguir aferrándote…
Héctor: Déjate ir…
*De la caja sacan una sábana blanca y lo van tapando hasta convertir el sofá en una camilla de hospital. También, sacan un ventilador y se lo colocan en la boca. Aumenta el sonido del "beep". Rodiz respira cada vez con más dificultad. Y mientras Mariana y Héctor se van deshaciendo en la oscuridad, se hace un silencio y la luz se intensifica sobre Rodiz, que cada vez tiene más dificultad para respirar. Inmovilidad. Segundos incómodos.*

*Apagón rápido.*

## Sobre la arena, un niño dormido

*A Ricardo Álvarez*

*El miedo no evita la muerte.
El miedo evita la vida.*
**Naguid Mahfouz**

*Es muy tarde en la noche. Es frente al mar y apenas puede distinguirse la silueta de un hombre. Dylan, un hombre de cuarenta y tres años, entra con dos bloques de cemento y una mochila a su espalda. Coloca los bloques simétricamente uno encima del otro de modo que le sirvan de asiento.
De la mochila saca una carta, la relee por encima. Saca también una botella de Malta India. Enrolla cilíndricamente el papel, lo introduce dentro de la botella y, al concluir, la sella con la tapa original. La coloca con cuidado al lado de los bloques. Dylan saca de la mochila una bolsa plástica, de esas que se usan para guardar ropa al vacío. Luego, se quita lentamente sus blanquísimos zapatos deportivos y con milimétrica paciencia retira todo el residuo de arena que encuentra en ellos, los pone encima de la mochila para evitar que se vuelvan a ensuciar. Luego, procede a quitarse las medias, las dobla cuidadosamente y coloca cada una en el respectivo zapato, la que se quitó de la pierna izquierda la coloca en el zapato*

*izquierdo e imita el movimiento con la otra media. Se pone en pie, y se quita el pantalón. Lo dobla con delicadeza y lo pone sobre los bloques. Lo mismo procede a hacer con la camisa, el reloj, el celular, la cartera y una cadena. Queda vestido solo con el calzoncillo.*

*Al concluir, introduce todo dentro de la bolsa plástica con sumo cuidado y la coloca encima del bloque. De la mochila saca dos pedazos de soga. Cierra la mochila, la coloca sobre la arena y, cuidadosamente, pone la bolsa encima de ella. Al finalizar, pone la botella de malta.*

*Se empieza a amarrar los bloques a sus piernas. Uno por cada pierna. Está tranquilo, inhala por la nariz y exhala por la boca al ritmo del vaivén del mar. Se queda mirando tranquilamente al horizonte y, si hubiese un rayito de luna, se le podría notar que hasta sonríe.*

*En el justo momento en que Dylan releía la carta antes de colocarla en la botella, comenzamos a escuchar el contenido de ella mediante su voz interna.*

Dylan:       (*Voz en off.*) Siempre supe que el día que me suicidara, lo haría un domingo a las 3 de la madrugada. No tiene nada de poético, es un asunto práctico. Es el día en que menos gente hay en la calle. Algo de los domingos hace que la gente se recoja temprano. Es la mejor hora para morir. A esta hora puedo gritarle a Dios que me siento como mierda, que me falló y quizás le fallé yo por no orarle más seguido. Lloro por cualquier estupidez. Hasta esta mañana no me podía controlar. No sé qué me pasa, pero no estoy bien. Me siento que no valgo nada, que no me aman, que me menosprecian, que no sirvo, no sé cómo manejarlo, esta jodida tristeza que no se va me desespera, quiero que esto acabe ya. Este dolor es real. No puedo más. La vida no tiene sentido, me quiero morir, no puedo manejarlo, nadie me va a extrañar. No quiero vivir más descontrolado, soy un aborto fallido. No sé qué más hacer. Siento un vacío, una falta de cariño cabrona. Me rindo. Vivir así no es vivir. No sé qué detonó esto, pero no puedo seguir en estas. Esto me ha dado bien duro. Curiosamente, al tomar la decisión de suicidarme aquí, es cuando más tranquilidad he sentido. Quien nada tiene, nada pierde. Dylan Martínez Thompson

*Dylan agarra los bloques, uno en cada mano y se mete al agua dispuesto a acabar con su vida. Como si sintiera que su historia la está contando un poeta, lentamente se mete al agua, dispuesto a suicidarse. De pronto, cuando está a punto de sumergirse por completo, un niño le pasa corriendo por el lado y se sumerge al agua. Dylan no da crédito a lo que pasa y se*

*queda con los bloques en las manos sin saber qué hacer.*
Voz:		No puedo más…
Dylan:		¿Qué carajo es esto?
*Dylan lo ve alejarse en el mar. Indeciso, decide meterse como quiera. Una vez entra, sale de nuevo.*
Dylan:		No puedo hacerlo así. ¿De dónde diablos salió?
*Dylan ve que el niño desaparece en el agua. Se debate entre matarse y auxiliar al que se ahoga. Decide que esa noche no habrá dos muertes. Desesperado, se desamarra y coloca los bloques al lado de la ropa para tratar de ubicar por dónde se metió el cuerpo.*
Dylan:		Voy… voy… resiste.
*Se lanza al agua y nada hasta donde proviene la voz. Agarra el cuerpo del que se ahoga y lo trae a la orilla. El niño tose y vomita agua de mar.*
Dylan:		Niño, ¿estás bien? Respira, respira.
Niño:		(*Casi inaudible.*) Me estás apretando.
Dylan:		¿Qué?
Niño:		(*Más fuerte.*) Que me estás apretando, no puedo respirar.
Dylan:		Perdón… ¿estás bien?
Niño:		Sí.
*El niño vuelve a incorporarse y trata de meterse de nuevo al agua.*

Dylan: Para, para, estate quieto, niño.
Niño: Déjame...
*El niño forcejea para volver a meterse al agua. Dylan se lo impide.*
Dylan: ¿Qué vas a hacer?
Niño: Suéltame.
*Un cortocircuito se apodera de la mente de Dylan que no puede procesar correctamente la información que está recibiendo. Mira a todos lados como buscando explicación.*
Dylan: ¿Qué tú querías hacer? Dime.
*El niño pone su cabeza entre sus piernas.*
Niño: Ya no quiero vivir más.
Dylan: ¿Cómo que no quieres vivir más?
Niño: ...
Dylan: ¿Y tus padres? ¿Tu familia?
Niño: No sé dónde están. Y no me importan tampoco.
Dylan: ¿Qué hacías a estas horas por aquí?
Niño: Me escapé.
Dylan: ¿Que te escapaste?
Niño: Sí.
Dylan: ¿De dónde? En esta playa no hay nadie. Yo me aseguré de dar una ronda antes de llegar aquí.
Niño: Me fugué porque mi mamá y mi papá se estaban gritando.

Dylan: ¿Pero por qué te metiste al agua? Los padres pelean todo el tiempo. ¿Por qué no te quedaste aquí en la orilla?
Niño: Porque dentro del agua no se escuchan lo gritos.
Dylan: ¿Y de dónde tú saliste? Llevo un rato aquí y no hay nadie en más de dos millas de distancia.
Niño: No lo sé.
Dylan: ¡Qué jodienda! ¿Por qué me pasa esto ahora mismo? Nada me sale bien en la vida.
Niño: ¿Tú también te escapaste?
Dylan: No... no, es que... nada, no lo entenderías.
*Dylan se le sienta al lado resignado por la mala suerte que lo acompaña.*
Dylan: ¿Sabes el número de teléfono de tus padres?
Niño: No. No quiero verlos. Quiero morir.
Dylan: Mira, niño, deja de decir estupideces, que eres muy chiquito para estar pensando en esas mierdas. Tus padres deben estar buscándote. Deben estar cerca. Deben estar muy preocupados.
Niño: No me importa. (*Pausa.*) (S*uplicante.*) ¿Puedo quedarme aquí contigo un ratito?
Dylan: No... ahora mismo estoy muy ocupado.
Niño: ¿Haciendo qué?

Dylan: Estaba... voy a... tengo cosas importantes que hacer. Así que ahora me voy.

*Dylan se levanta molesto por lo incómodo de la situación.*

Niño: No te vayas, no me dejes solo. Tengo miedo. Podría pasarme algo.

Dylan: Estabas tratando de matarte. (*Tratando de ser gracioso.*) ¿Qué, tienes miedo de que te maten? (*Se percata de su insensibilidad y trata de enmendarlo.*) Estarás bien.

*El niño empieza a llorar. Dylan está desconcertado porque no sabe qué hacer en esta situación que lo supera. Torpemente le da palmaditas de aliento en la espalda.*

Niño: Mis padres se van a divorciar por mi culpa.

Dylan: Mira, niño, tienes que ser fuerte. A veces esas cosas pasan. No es culpa de nadie. Ya crecerás y... y todo estará bien... o no.

*El niño sigue sollozando. Dylan se desespera.*

Dylan: Mira, niño, quédate aquí. Yo me voy a ir a otro sitio a hacer lo que tengo que hacer.

Niño: ¿Qué vas a hacer?

Dylan: Ya te dije... cosas... cosas de adultos.

*Dylan se levanta y agarra sus cosas con torpeza y se dispone a irse.*

Niño: ¿Tú también me vas a dejar?
Dylan: Estarás bien, ya mismo tus padres te encontrarán.
Niño: ¿Y por qué no haces lo que vas a hacer aquí? Yo te ayudo.
Dylan: Lo que tengo que hacer, nadie me puede ayudar. Lo tengo que hacer solo. Adiós.
*Dylan se va. El niño vuelve a poner la cabeza entre sus piernas. Dylan regresa.*
Dylan: (*Resignado e impotente.*) Me voy a quedar un ratito en lo que aparecen tus padres. Es más, voy a llamar a la policía para que ellos se encarguen.
*Empieza a sacar las cosas de la bolsa y se desespera cuando todo comienza a caer en la arena. Trata de recoger rápidamente y lo que hace es empeorar todo. Nota que el niño está tiritando y, luego de dudarlo un poco, le da su camisa al niño para que se proteja del frío. Agarra su celular y marca el 9-1-1. De inmediato, desiste y cancela la llamada.*
Dylan: ¿Qué estoy haciendo? Si vienen los guardias y me encuentran con un menor en la playa a esta hora, y yo en calzoncillos... No, no, no, entonces sí que estoy jodido. Diablo, Dios, tú sí que tienes un humor del carajo.
Niño: (*Directo, con una honestidad que desarma a Dylan.*) Tú también te quieres matar, ¿verdad?

Dylan: *(Incómodo, trata de zafarse de la situación.)* Pero ¿qué cosas dices?
Niño: Solo quien viene aquí a esta hora es para matarse.
Dylan: Mira, niño, vamos a dejar este tema aquí. Vamos a quedarnos callados un rato en lo que se me ocurre algo, ¿te parece?
Niño: Sí. *(Pausa.)* Cuando me estaba ahogando, sentí un poco de miedo. ¿Está mal tener miedo?
Dylan: No, no está mal tener miedo. Lo que está mal es quererte suicidar a tu edad. Eso sí es problemático. Eso es algo que uno debe decidir cuando se es adulto y siente que ya no tiene nada que perder, que es la única opción. Pero a tu edad, todo tiene remedio.
Niño: Y a la tuya, ¿no?
Dylan: Yo... mejor cambiemos el tema. No quiero hablar de eso con un...
Niño: Ya no soy un niño.
Dylan: Iba a decir un extraño, pero sí, ¿cómo voy a hablar de mis cosas con un niño?
Niño: *(Decidido.)* Suicidémonos juntos.
Dylan: *(Aterrado por el ofrecimiento.)* Pero ¿cómo se te ocurre semejante estupidez?

Niño: Podemos hacerlo por separado, si prefieres. Solo tengo que esperar que tú lo hagas primero.

Dylan: ¿Cómo me voy a suicidar con un testigo?

Niño: O puedo hacerlo yo primero y, luego, lo haces tú. A mí no me molesta que me miren.

Dylan: Aquí nadie se va a matar... hoy. Vamos a tomarlo con calma. Esto no se puede decidir a la ligera.

Niño: Ya no tengo razones para seguir viviendo.

Dylan: Tú eres un bebé, tienes todas las razones del mundo para vivir.

Niño: ¿Cuáles son tus razones?

Dylan: Yo no pienso darte razones ni motivos. No pienso decir nada más. (*Pausa tensa.*) ¿Por qué elegiste el mar?

Niño: Porque me gusta. Aquí soy feliz.

Dylan: Si eres feliz, ¿por qué te quieres matar?

Niño: Ya no lo soy.

Dylan: ¿Por qué?

Niño: Yo no pienso hablar de mí si tú no hablas de ti.

Dylan: Es distinto. ¿Qué puedes decirme tú que me alivie?

Niño: Yo no pienso decirte nada.

Dylan: No seas potrón.

Niño: Cuando uno se muere, va al cielo. Dicen que en el cielo está Dios y que donde está Dios uno es feliz. Quiero ser un niño feliz. ¿Crees que cuando uno se muere va al cielo?
Dylan: Si te suicidas, no.
Niño: ¿A dónde uno va si se suicida? ¿Al infierno? ¿Existe un infierno? ¿Por qué quiere Dios que uno vaya al infierno, acaso no nos ama?
Dylan: Son muchas preguntas existenciales, no lo sé, ni me importa, porque no creo que haya nada.
Niño: ¿Duele morir ahogado?
Dylan: No. Uno lucha por 90 segundos tratando de respirar, pero como tragas agua, todo es angustiante. Una vez tus pulmones se llenan de agua, sientes una sensación de quemadura, pero luego todo es calma y tranquilidad. La tranquilidad se produce por falta de oxígeno en el cerebro y ahí es cuando el corazón deja de latir.
Niño: ¿Y cómo sabes todo eso? ¿Ya lo habías intentado antes?
Dylan: Porque lo leí. Si leyeras, también lo sabrías.
Niño: Yo no quiero leer sobre eso.
Dylan: (*Pausa.*) ¿Por qué elegiste tratar de ahogarte?
Niño: Porque no le tengo miedo al agua.

Dylan: Ni yo.
Niño: Además, mi mamá va a venir a salvarme. Ella es nadadora. No va a dejar que me muera de verdad.
Dylan: La verdad es que eres un niño raro.
Niño: Y tú eres un adulto raro.
Dylan: Yo te lo dije primero.
Niño: Te comportas como niño. (*Pausa.*) ¿Tu mamá vendrá a salvarte, si empiezas a ahogarte?
Dylan: Mami está muerta.
Niño: Oh.
Dylan: Pero si estuviera viva, estoy seguro de que se metería a salvarme.
Niño: ¿Quieres ir a vivir a donde está ella?
Dylan: Qué curioso...
Niño: ¿Qué?
Dylan: Ahora es que recuerdo, cuando yo era chiquito por poco me ahogo en esta misma playa y fue mi mamá la que me rescató. Mi mamá era nadadora olímpica del equipo gringo. Llegó aquí por unos juegos Panamericanos, conoció a mi papá y decidió quedarse. Dejó todo, su equipo nacional de natación, sus amistades y hasta su familia.
Ambos: Mi mamá fue la que me enseñó a nadar.
Dylan: (*Entendiendo.*) Diablos...
Niño: Sí.

Dylan: No eres real.
Niño: Tú no eres real.
Dylan: Tú eres yo... o yo soy tú.
Niño: Sí.
Dylan: ¿Cómo es posible esto? Esto no tiene lógica alguna.
Niño: Claro que no tiene lógica porque en este momento, uno de los dos se está ahogando y está imaginando al otro.
Dylan: Debo ser yo porque a mí mami me salvó.
Niño: Yo no estaría tan seguro. Aquí no hay más nadie. Solo estamos tú y yo.
Dylan: Si yo muero, tú mueres. Si tú mueres, yo no vivo.
Niño: Se nos está acabando el tiempo.
Dylan: Pues, creo que es lo mejor. Es cuestión de unos segundos para que todo esto acabe. Así no me dará cargo de conciencia por no salvarte.
Niño: Veremos si mamá logra salvarnos.
*Dylan y el niño se acomodan en la arena a mirar y a escuchar al mar.*
Niño: ¿Cómo fue mi vida?
Dylan: ¿No lo sabes? Si tú eres yo.
Niño: No puedo saberlo porque no lo viví. Tú eres una alucinación mía.
Dylan: Después que se dejó de papá...

Niño: ¿Se dejaron entonces?
Dylan: Sí. Mamá y yo nos fuimos a Texas. La vida allá fue bien dura, no conocíamos a nadie, mamá trabajó en lo que pudo, pero el dinero a duras pena alcanzó.
Niño: ¿Cómo murió?
Dylan: Yo la maté.
Niño: ¿Qué?
Dylan: No literalmente. Mamá se enfermó mentalmente y yo me la traje a vivir conmigo. Pero mi esposa…
Niño: ¿Me casé? ¿Es linda como mamá? Porque mami es la mujer más linda del universo.
Dylan: Y me divorcié.
Niño: ¿Fuimos mal marido?
Dylan: Al contrario, fuimos tremendos maridos. Por eso fue que todo se jodió, por ser tan bueno.
Niño: No entiendo.
Dylan: ¿Quieres que te cuente de mi exesposa o de mamá? No nos queda tanto tiempo para tanto cuento.
Niño: No, no, de mamá, cuéntame de mamá.
Dylan: Pues, mi exesposa estaba jode que te jode que no la quería ahí, que era demasiado trabajo, que con la niña chiquita era mucho trabajo.
Niño: ¿Tenemos una hija?

Dylan: Sí. Una chica preciosa, curiosamente de tu misma edad.
Niño: ¿Cómo se llama?
Dylan: Stephanie.
Niño: Como mamá.
Dylan: Sí. En fin, me convenció de que la metiéramos en un *home*, que allí estaría mejor. Para visitarla era un problema porque mi esposa no quería, se inventaba cosas para que no fuera a verla. Entre el trabajo y las peleas con la ex, terminé olvidándome. Antes de morir, me había hecho prometerle que cuando muriera, la incinerara y las cenizas las esparciera en el mar.
Niño: ¿En este mismo mar?
Dylan: Justamente.
Niño: Acá éramos felices. Siempre estamos con la familia de papá.
Dylan: Eso era de las cosas que más le encantaba de acá, esa vida familiar que perdió tan pronto se separó de papá.
Niño: ¿Y la trajiste?
Dylan: No, le fallé, no le cumplí. Entre el trabajo y mi exesposa jodiendo, terminé enterrando sus cenizas debajo de un árbol cerca de donde habíamos vivido, jurándome que en cuando pudiera, cumpliría su última voluntad.
Niño: ¿Y dónde está? ¿La dejaste allá enterrada?
Dylan: Tampoco.

Niño: No entiendo. ¿De grande soy así de enredado como un plato de espaguetis?
Dylan: Ser adulto es una mierda.
Niño: ¿Por qué estás tan triste?
Dylan: No lo sé.
Niño: Sí lo sabes.
Dylan: Sí, lo sé, pero... ¿no se supone que nos estemos ahogando? ¿Cuánto tarda esta pendejá? ¿O es que ya me ahogué?
Niño: ¡Contéstame! No me trates como a un niño.
Dylan: ¡Es que eres un niño!
Niño: No, yo también soy tú, no me ocultes cosas. Necesito saberlas. Porque si eres tú el que se está ahogando, mamá vendrá a salvarme y quizás yo pueda hacer algo cuando sea tú.
Dylan: Todo se vino abajo. Mi matrimonio se fue jodiendo poco a poco. Ella se pasaba peleándome por todo. Y lo supe.
Niño: ¿Supiste qué?
Dylan: Que estaba con otro hombre.
Niño: ¿Y tú no hiciste nada? ¿No eras suficiente hombre para ella?
Dylan: No hagas eso. Hice todo lo que pude. La confronté. Me lo negó, la seguí, los vi, la confronté. Ella me echaba la culpa, que no la atendía. Le dije que la perdonaba, que lo volviéramos a intentar

por Stephanie, yo no quería estar lejos de ella. Un día discutiendo, del coraje que tenía, le metí un puñetazo a la puerta. Todo se fue cuesta abajo desde ahí en adelante. Ella se agarró de eso como si yo la hubiese golpeado, pero yo nunca la toqué, me puso una orden de protección, se quedó con todo, no me deja ver a la nena porque dice que soy peligroso. A los dos meses, metió al tipo en la casa que yo compré.

Niño: ¡Supéralo!

Dylan: No puedo. Cuando lo malo se te mete por dentro, es algo que ya no puedes controlar.

Niño: Busca ayuda.

Dylan: No tengo a quién buscar. Ya no me queda nada. Lo perdí todo con el divorcio. Perdí también el trabajo. Y la deuda de la pensión crece y crece. Decidí que lo menos que podía hacer era buscar las cenizas de mami y cumplirle su voluntad. Y cuando llegué, no estaba.

Niño: ¿Cómo que no estaba?

Dylan: Estaban haciendo una construcción y arrancaron el árbol donde la había enterrado. Mami no está, desapareció para siempre. Ni siquiera tengo un sitio donde ir a verla y disculparme con ella por haberla abandonado.

Niño: No la abandonaste.

Dylan: Sí, lo hice. Por eso vine aquí, a meterme en el agua porque aquí es el único sitio donde no oigo mis propios gritos. Aquí siento paz.
Niño: Tenemos que salir. Si te mueres, también abandonarás a Stephanie que no tiene la culpa de nada de lo que te está pasando. Ella tiene que ser la razón para seguir.
*Dylan se desmorona emocionalmente y comienza a llorar. El niño le da unas palmadas tímidamente de aliento.*
Niño: Yo no quiero morir.
Dylan: Yo tampoco quiero morir.
Niño: No dejes que me muera.
Dylan: No sé si pueda. Ya no tengo fuerzas.
*Dylan y el niño se abrazan, se consuelan, se sanan. El niño se acuesta sobre la arena y Dylan hace un círculo en la arena alrededor del niño que queda como si estuviera dentro de un vientre. Dylan se mete al mar y se va hundiendo lentamente hasta llegar al fondo. Una canción de cuna se confunde con el murmullo de mar. La luz se concentra en Dylan y lo demás se va difuminando. Luego de unos segundos, se escucha una voz de mujer que lo llama...*
Stephanie: Dylan... Dylan.
*Dylan abre los ojos y se levanta del fondo como un resorte, como si saliera del agua, y busca una bocanada de aire. Llega hasta la*

*orilla y ya el niño no está. Dylan se acuesta en posición fetal dentro del círculo-vientre de la arena.*

*Apagón lento.*

## Índice

Decir más en menos tiempo ..................... 4
Sobrepoblado ............................................ 6
El rescatista .......................................... 18
Mami me mima ...................................... 27
Payaso sin fronteras ............................. 55
Bájate de esa grúa ................................ 66
Legoman ................................................ 82
Para mirar no se necesita pedir permiso .................................................. 95
El ventilador ........................................ 113
Sobre la arena, un niño dormido .......... 123

Los siguientes individuos leyeron y editaron este manuscrito:

**Eïrïc R. Durändal Stormcrow**, escritor puertorriqueño, autor de los libros de cuentos *Biografía de los planetas tristes* y *Our Love Is like Anime*.

**Zulma Ramos**, profesora de español y editora.

Pedro Rodiz (San Lorenzo) es dramaturgo, director teatral, guionista, actor, profesor de teatro y papá. Posee un bachillerato del Departamento de Drama de la Universidad de Puerto Rico y una Maestría en Redacción para los medios de la Universidad del Sagrado Corazón. Tiene sobre más de 35 obras de teatro escritas y estrenadas. Su obra de formato corto *Legoman* obtuvo el premio de Mejor Libreto en Teatro en 15 en el 2022 en la primera temporada. Ganador del Premio Nacional de Dramaturgia otorgado por el PEN de Puerto Rico Internacional por su obra *Café con leche de almendras* en el 2020. También fue ganador en 2016 del Premio Nacional de Dramaturgia del PEN de Puerto Rico Internacional con la obra *Deus ex machina*. Es coautor de la obra *Sofía*, ganadora del Certamen Nacional de Dramaturgia del Instituto de Cultura Puertorriqueña en el 2011. Además, obtuvo una Mención de Honor por la obra *El chicle de Britney Spears* en el Certamen Nacional de Dramaturgia del Instituto de Cultura Puertorriqueña en el 2005. Cuenta con dos libros publicados: *Deus ex machina* y *Ser papá de un Saltimbanqui*.

Este libro se publicó en agosto de 2024, en Puerto Rico, país víctima de los horrores de la Junta de Control Fiscal, Trump y su imperio indolente, una administración local caracterizada por la dejadez, el hurto, la corrupción y el robo de fondos públicos, una guerra civil no declarada hacia las mujeres y la comunidad LGBTQ+, dos huracanes categoría 5, los temblores y terremotos que comenzaron el Día de Reyes, una pandemia empoderada y posibilitada por todas las anteriores y unas elecciones robadas, junto con nuestro futuro. Ante un panorama tan desolador, que la literatura sirva de escape, de norte y de salvación.

**GNOMO**

San Juan, Puerto Rico

Made in the USA
Columbia, SC
26 September 2024